장수찬의 역사툰

ISBN 978-89-314-5975-3

독자님의 의견을 받습니다.

이 책을 구입한 독자님은 영진닷컴의 가장 중요한 비평가이자 조언가입니다. 저희 책의 장점과 문제점이 무엇인지, 어떤 책이 출판되기를 바라는지, 책을 더욱 알차게 꾸밀 수 있는 아이디어가 있으면 팩스나 이메일, 또는 우편으로 연락주시기 바랍니다. 의견을 주실 때에는 책 제목 및 독자님의 성함과 연락처(전화번호나 이메일)를 꼭 남겨 주시기 바랍니다. 독자님의 의견에 대해 바로 답변을 드리고, 또 독자님의 의견을 다음 책에 충분히 반영하도록 늘 노력하겠습니다.

파본이나 잘못된 도서는 구입하신 곳에서 교환해 드립니다.

STAFF

저자 장수찬 | 총괄 김태경 | 기획 KBR | 진행 정은진 | 디자인 고은애 | 영업 박준용, 임용수 | 마케팅 이승희, 김다혜, 김근주, 조민영 | 제작 황장협 | 인쇄 SJ P&B

장수찬의

역사툰

저자의 말

감사와 고마움의 말씀

Dankon(단콘)은 에스페란토어로 '고맙습니다'의 뜻입니다. 제가 이 책을 낼 수 있었던 동력은 감사하게도 독자 여러분의 성원이었습니다. 그래서 저의 첫마디는 '고맙습니다'로 시작할 수밖에 없습니다.

돌이켜 생각해 보면, 이 여정은 즐겁고, 행복한 과정이었습니다. 역사 속에 숨겨진 인물들의 소재를 찾아 내고, 머릿속으로 콘티를 짜 내는 시간은 저에게는 즐거움의 연속이었으니까요. 다행히도, 이 즐거움이 저만 공유하는 행복이 아니라, 여러분들과 나눌 수 있는 콘텐츠였기에, 이렇듯 부족한 저에게 출간의 기회가 부여되었다고 생각합니다. 역사툰에 등장하는 열여섯 명의 인물은 수백 년 전을 살다간 사람들이지만, 그들이 겪었던 삶은 우리와 하등 다를 바가 없습니다. 이런 점에서 독자 여러분들이 공감하셨으리라 봅니다. 그래서 감사한 일입니다.

또, 저 혼자 역사툰을 그리고 쓴 것이 아니기에 더욱 고마움이 있습니다. 우리 역사와 고전 문학을 연구하고 발굴하는 분들이 계시지 않으셨다면, 아마도 이 카툰은 불가능했을 겁니다. 그런 점에서 만화를 승낙해 주신 윤승운 화백님, 자료를 연구해 주신 한양대학교 정민 교수님, 성균관대학교 안대회 교수님, 한국학 중앙 연구원 김학수 박사님, 연세대학교 허경진 교수님, 부산대학교 강명관 교수님 등 여러 국학자 분들께 감사의 말씀을 전하고 싶습니다. 사진 자료를 허락해주신 국립중앙박물관, 국립민속박물관, 국립청주박물관, 서울대학교 규장각 한국학 연구원, 개인 소장자에게도 감사합니다.

또, 이 책을 기획하고 제작해 주신 출판사와 KBRreport 측에도 감사의 말씀을 드리며 마지막으로 부모님과 여동생 가족 그리고, 저에게 조언을 아끼지 않은 박병철 군에게도 고마움을 표하고 싶습니다. 항상 감사합니다. 그리고, 고맙습니다.

옥산자 서실에서

장수찬 드림.

추천사 ·

말 하자면 출판 만화가 웹툰에 밀려난(?), 혹은 쫓겨난(?) 것인데 이상한 현상을 볼 수 있으니 웹툰에서 높은 인기를 누리던 작품 중 일부가 출판 만화로 되돌아오는 것이다. 장수찬 작가의 이 역사 만화가 바로 그 경우다.

왜일까?? 개선 장군이 옛 고향이 그리워 온 것일까? 아무튼 나로서는 반갑다.

내가 나름 역사 만화를 그리느라 많은 자료(정사, 야사, 신화, 전설, 문집, 小說 등등)를 보았는데 장 작가의 작품을 읽고서는 남다른 감동을 받았다.
마치 깊은 산 계곡에서 흘러나온 샘물이 작은 못을 이루었는데 그 속에서 별별 작은 물고기들 가재, 버들치, 피라미, 버들붕어, 고동 등이 모여 신나게 뛰며 노는 모습이라고나 할까.

아무튼 나는 한참 못 속을 들여다 보며 미소를 지을 것일 게다.
소재에 신선함이 있고 애기 또한 간결하게 풀어 나갔기에 어허, 어허 하고 감탄사가 나올 수밖에.

고양이 이야기, 몇몇 임금의 자식과의 일화 역시 지금의 우리 가정 대소사(大小事) 처리와 크게 다를 바 없는 것이 흥미롭다.

부담 없이 볼 수 있는 이 만화는 우리의 삶, 우리 자녀들의 삶에도 두고두고 마음의 등불이 되리라 생각합니다
아울러 더욱 정진해 멋진 작품으로 빛나길 기원합니다.

2018년 12월 18일
송구영신을 앞두고

맹꽁이서당 윤승운

감사의 글 (Special thanks to)

책에 독자의 댓글을 실을 수 있게, 허락해 주신 독자님들께 다시 한번 감사의 인사를 드립니다. 덕분에 책의 내용이 더욱 풍성해졌습니다.

책에 실릴 댓글을 써 주신 분들

✸ 정운창 이야기 ··· 군자지도 님, 스마일리 님

✸ 장순손 이야기 ··· 글리세린 님, 사나와지효 님, Crim 님

✸ 효종 임금 이야기 ··· 뿌옹뿌옹 님, 짤삵 님, [식윤RanomA탱율팁] 님, 귀차니스트 님, 난녀가좋아 님

✸ 김호연재 이야기 ··· 베레타 님, 야구초심자 님, 볼보이 님, teatime 님, LG大路 님, soulseek 님, 두부왕철수 님, 호머 님

✸ 유득공 이야기 ··· 모쿠슈라 님

✸ 이경검 이야기 ··· 야구가조아 님, Vajra Ryan 님, 김밥천국 님, henkel 님, dixie 님, 귀차니스트 님, 유인나 님

✸ 영조 임금과 나무꾼 이야기 ··· 파신 님, 물고기버거 님, 닐리리꽁치 님, 꽃의은하수 님, 가자영미니 님, [식윤RanomA탱율팁] 님, LG大路 님, 계란후라이 님 Vajra 님, 박제가 이야기, 암연소혼 님, 소망의끝 님

✸ 최천약 이야기 ··· sergelang 님, 칼둘 님, indianhead T.I. 님

✸ 변상벽 이야기 ··· 복타르 님, 주말에뭐해 님, 3할타자 딩요 님, xwing47 님, Vajra 님

✸ 신숙이야기 ··· CuteMaggie 님, [Taeng&Seo]Xenophon 님, 3할타자 딩요 님, 야구피플 님

✸ 이장곤 이야기 ··· 나그네 님, LAD칠BOS 님

6

☀ 심생전 이야기 ··· 아속터저 님, 융드립 님, [DBJ]Abyss 님, 꽃의은하수 님, 트라부세
님, 치킨맨 님, 18.44m 님, RegTeddy 님, 마이스터84 님, 延烏郎 님

☀ 권희학 이야기 ··· 귀차니스트 님, teatime 님, 캐미치해로 님, ivyeconphd 님, 목동홈
런 님, Ohnexen님, teatime 님

☀ 숙명공주 이야기 ··· 유니콩즈 님, Porco 님, 레전전설 님, Ohnexen 님

출간에 대한 축하 인사를 보내 주신 분들

Kniver - 와우 축하드립니다!!!

산티아고 - 유익한 글 잘 봤습니다. 감사합니다. ^^

쯔와찌 - 미안하다앗 ㅋㅋㅋㅋ 드디어 출간이군요 축하드려요

Flythew - 선추천 후감상입니다. 잘 보겠습니다.

Wunderlich - 항상 잘 보고 있습니다. 감사합니다.

빨간늑대 - 역시 은혜로운 고양이 ㅋㅋ 책으로 나온다니 반갑네요 사서 꼭 소장하겠습니다 ㅎ

bonde - 축하합니다 오늘도 재밌게 잘 보았습니다

고라니삼촌 - 축하드립니다!

귀차니스트 - 축하드립니다! 글이나 그림 들을 보면 조선시대에도 은근히 애묘인들이 많았던 것 같네요.

바키수 - 이름은 서거정 호는 사가정... 헷갈렸네요ㅋㅋㅋ 안남이라는 단어도 오랜만에 보고... 책 내신다는것
도 기대됩니다!! 축하드려요~

Purpureus - 올려주실 때마다 재미있게 보았는데 책으로도 나온다니 반갑습니다. 출간되면 서점에 들러야
겠네요

히페르 - 와 축하드립니다!!

소망의끝 - 와 축하드립니다. 불펜이 낳은 책이네요. 오프라인으로 나오면 꼭 사보겠습니다. 주변에 선물해도
좋을 것 같아요.

반델군 - 오옷! 장화백님 드디어 출간이군요.. 축하드립니다!!!

박명은 - 출간하셨군요. 저도 서점에서 한권 구입하고 싶어집니다 ㅎㅎㅎ

Ohnexen - 축하드립니다!!! 근데 제 댓글도 올라간다니 감개무량하옵니다!!

Scott - 나이쑤!! 쌍엄지척!! 입니다!! 서점에 출간되면 꼭 소장 하겠습니다. 축하드려요

나이래 - 축하드립니다... 항상 잘 보고 있습니다

Grade-A - 훌륭하십니다. 항상 잘 보고 있습니다. 기부하며 함께하는 마음씨에도 감사합니다.

LG4강 - 선생님 잘 읽었습니다

모여바둘 - 항상 잘보고 있습니다. 불펜에서 가장 기다리는 글중 하나인데 앞으로도 좋은 역사툰 부탁드립니다.. 감사합니다. cc

꼬꼬샷 - 와~출간 축하합니다! 근대 책 나오는 날짜는 언젠가요? 꼭 사고 싶어요^^

냄비의요정 - 역시 노력하면 안되는 일이 없네요 ㅎㅎ 노력보다도 사실 재능이 더크게 뒷받침 되셨는데... 축하드려요 아주 많이요~ 홧팅! 책 나오면 많이 사서 선물할 겁니다 우하하하 이런 경사가!

답답한롯데 - 축하드립니다~!!

[식윤Ranoma탱율팁] - 개그가 많이 느셨네요. 덕분에 재미가 더 늘었어요.

Mygoyang - 축하 드리며 추천 드립니다!!

그린블루 - 역시 !!! 감사합니다

우당탕쿵쾅 - 볼 때 마다 이렇게 좋은 글을 공짜로 봐도 되나 싶습니다. 무엇보다 어릴 때 즐겨보던 윤승운, 길창덕, 신문수 이 분들 생각나서 좋습니다.

영표지성빠 - 축하드립니다요 ㅎㅎㅎ~

사야포수 - 우와 축하드려용

#28 필더왕자님 - 축하드립니다. 발행되면 꼭 구매하겠습니다.

둠둠훔훔 - 와우와우 매번 잘보고 있었는데 진짜 축하드립니다!!

리그지배자 - 책 출판하신다니 불패너로서 뿌듯하네요. ㅋㅋ 역사 잼있게 잘 배우고 있습니다. 앞으로도 좋은작가 베스트셀러 작가 되세요 ^^

APTX4869 - 역사이야기를 좋아하는데 우연히 첨보게되었는데 재밌네요 딱딱한 이야기가 아니라 더 그런듯 요ㅎ 앞으로도 더 승승장구 하시길!!

디엔99 - 좋은 일까지 하시고 추천드립니다

Sergelang - 헉 저 리스트에 이름을 올리다니 가문의 영광입니다 ㅠㅠㅠㅠㅠㅠ

만두키친 - 꿀잼ㅎㅎ

박정현 - 살짝 맹꽁이서당 뻴도 나네

M드라이브 - 진짜 최고입니다!!!

잭과콩나무 - 책 나오면 꼭 책 제목 올려주세요

ivyeconphd2 - 제 리플도 있네요... (권희학 편) 영광으로 알고 있겠습니다...

LG大路 - 축하드립니다. 그전에도 고양이 편이 있었던 것 같고 요즘 고양이가 대세인가 하는 느낌이 들 정도입니다.

양의지영결 - 갓냥이

CuteMaggie - 제가 요며칠 냥이 땜에 힘든 나날을 보내고 있는데 힘을 얻고 갑니다. 아무리 생각해 봐도 냥이는 사랑입니다. 출간 되면 제가 사랑하는 이들에게 선물로 둘리고자 합니다. 냥냥..

담배는멘솔 - 오 불페너가 해냈.. 축하합니다. 냥이 했으니 강아지도 한번 .. 쿨럭 ^^

요셉다니엘 - 잘봤습니다~ 미안하다~~ ㅋㅋ

애틀+LG - 매번 재밌게 봤는데 정말 축하드려요!! 하나 장만해야겠네요ㅋㅋ

뱃심 - 재밌게 잘 봤습니다. 미안하다 컷에서 뿜었네요 ㅋㅋㅋ ㅋㅋ

참치베어스 - 추천 후 감상! 오늘도 배워 갑니다. 그나저나 냥이는 사랑이네요

돌려돌려 - 멋집니다. 작가님~~ 응원할게요!!

사도숙희 - 선추천후감상

Audi - 항상 잘보고 있습니다. 감사합니다.^^

파토스 - 제가 뭐 딱히 해드릴 건 없고.. 추천이랑 책 나오면 하나 사드리는 게 전부겠네요.. 좋은 글 올려주셔서 감사합니다.

I러프U - 저의 최애 작가님. 경축드리옵니다. 오늘도 추천 드리다

베가데네브 - 제가 대구서씨 사가공파인데 저도 몰랐던 조상님 이야기를 이렇게 재밌게 들려 주셔서 너무 감사합니다. 책 나오면 꼭사야겠어요^^

Reyes - 우와 축하드립니다! 역시 갓냥이!

연봉킹 - 앞으로도 계속 작품보여주시길~^^

하늘친구 - 올려주신 글들 전부 정독했습니다. 앞으로도 잘 부탁드려요. 책 출판되면 알려주시구요~

미리보기

[장수찬의 역사툰] 내용은 다음과 같이 구성됩니다. 미리 알고 보면 더 알차게 볼 수 있어요.

✳ 역사툰 속 18인의 시대

역사툰 속 사람들은 어떤 시대들을 살았을까요? 연표를 통해, 인물들이 활약한 시대상을 알 수 있어요.

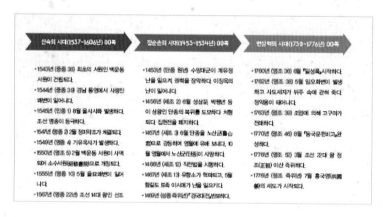

✳ 역사툰 만화

조선 시대 조상들의 삶 중에서 잘 알려지지 않았지만 재미있는 일화들을 명랑만화체 만화로 옮겼습니다.

✻ 독자와의 대화

역사툰 연재 당시 독자 분들의 생생한 반응과 만화 내용에 대한 저자의 댓글 및 보충 내용이 담겨 있습니다.

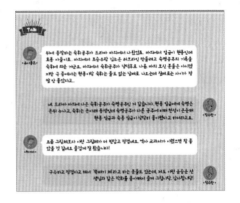

✻ 만화 속 실제 이야기

역사툰 이거 실화냐? 넵 실화입니다! 역사툰에 담긴 이야기들의 기록에 담긴 실제 이야기들을 더 깊게 만나보세요!

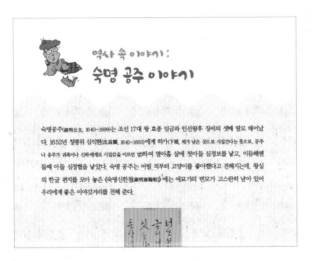

역사 속 이야기 :
숙명 공주 이야기

숙명공주(淑明公主, 1640~1699)는 조선 17대 왕 효종 임금과 인선왕후 장씨의 셋째 딸로 태어났다. 1652년 청평위 심익현(沈益顯, 1641~1683)에게 하가(下嫁), 제가 낮은 곳으로 시집간다는 뜻으로, 공주나 옹주가 귀족이나 신하에게로 시집감을 이르면 말하여 열아홉 살에 첫아들 심정보를 낳고, 이듬해엔 둘째 아들 심정협을 낳았다. 숙명 공주는 어릴 적부터 고양이를 좋아했다고 전해지는데, 왕실의 한글 편지를 모아 놓은 《숙명신한첩(淑明宸翰帖)》에는 애묘기의 면모가 고스란히 남아 있어 우리에게 좋은 이야깃거리를 전해 준다.

역사툰 속 18인의 시대

숙명공주의 시대(1640~1699년)

- 1653년(효종 4) 시헌력을 채택하다.
- 1654년(효종 5) 3월 제1차 나선정벌을 행하다.
- 1659년(효종 10) 조선 17대 왕 효종(孝宗) 이호 즉위하다. 1차 예송논쟁이 일어나다.
- 1680년(숙종 6) 4월 경신환국이 일어나다. 서인이 정권을 장악하다. 윤휴, 허적 등 남인 실세들이 대거 숙청되다.
- 1683년(숙종 9) 4월 남인의 처벌 문제로, 서인이 노론과 소론으로 분당하다.
- 1689년(숙종 15) 2월 세자 책봉 문제로 기사환국이 발생하다. 노론이 실각하고, 남인이 다시 집권하다.
- 1694년(숙종 20) 3월 폐비 민씨 문제로 갑술환국이 일어나다. 소론이 정권을 잡고, 남인이 완전히 몰락하다.
- 1696년(숙종 22) 안용복(安龍福)이 감세사를 사칭하며, 울릉도와 독도, 두섬이 조선의 영토임을 일본에 확인시키다.

신숙의 시대(1537~1606년)

- 1543년(중종 38) 최초의 서원인 백운동 서원이 건립되다.
- 1544년(중종 39) 경남 통영에서 사량진 왜변이 일어나다.
- 1545년(인종 1) 8월 을사사화 발생하다. 명종(明宗) 이환 등극하다.
- 1547년(명종 2) 2월 정미약조가 체결되다.
- 1549년(명종 4) 기유옥사가 발생하다.
- 1550년(명종 5) 2월 백운동 서원이 사액되어 소수서원(紹修書院)으로 개칭되다.
- 1555년(명종 10) 5월 을묘왜변이 일어나다.
- 1567년(명종 22) 조선 14대 왕인 선조(宣祖) 이연 등극하다.
- 1575년(선조 8) 7월 사림이 동서(東西)로 분당(分黨) 되다.
- 1589년(선조 22) 10월 정여립 모반 사건이 발생하다.
- 1590년(선조 23)년 3월 황윤길(黃允吉)과 김성일(金誠一)을 일본 통신사 정·부사로 파견하다.
- 1592년(선조 25) 4월 선조, 한성을 떠나 의주로 피난길에 오르다.
- 1592년 5.29일 사천 해전에서 거북선이 등장하다.
- 1592년 7월 한산도 대첩의 승전보를 전하다.
- 1592년 10월 김시민과 곽재우가 진주대첩의 승전보를 전하다.
- 1593년(선조 26) 1월 평양성을 탈환하다. 2월 행주대첩의 승전보를 전하다. 상비군 성격의 중앙군인 훈련도감(訓練都監)을 설치하다.
- 1597년(선조 30) 1월 정유재란이 발발하다. 명량 해전의 승전보를 전하다.
- 1598년(선조 31) 11월 노량 해전의 승전보를 전하고, 이순신(李舜臣)이 전사하다.
- 1608년(선조 41) 2월 조선 15대 왕 광해군(光海君) 이혼 즉위하다. 이원익의 건의로 경기도에 대동법을 실시하다.

장순손의 시대(1453~1534년)

- 1453년(단종 1년) 수양대군이 계유정난을 일으켜, 권력을 장악하다. 이징옥의 난이 일어나다.
- 1456년(세조 2) 6월 성삼문, 박팽년 등이 상왕인 단종의 복위를 도모하다, 처형되다. 집현전을 폐지하다.
- 1457년(세조 3) 6월 단종을 노산군(魯山君)으로 강등하여 영월에 유배 보내다. 10월 영월에서 노산군(단종)이 사망하다.
- 1466년(세조 12) 직전법을 시행하다.
- 1467년(세조 13) 유향소가 혁파되고, 5월 함길도 토족 이시애가 난을 일으키다.
- 1469년(성종 즉위년) 「경국대전」을 반포하다.
- 1478년(성종 9) 12월 서거정(徐居正)이 「동문선」을 편찬하다.
- 1482년(성종 13) 8월 폐비 윤씨(廢妃 尹氏)에게 사약을 내리다.
- 1498년(연산군 4) 7월 무오사화가 발생하다.
- 1504년(연산군 10) 10월 갑자사화가 발생하다.
- 1506년(연산군 12) 9월 박원종(朴元宗)이 왕(燕山君)을 폐하고, 진성대군(晋城大君)을 왕으로 옹립하다(중종반정).
- 1510년(중종 5) 4월 삼포왜란이 발생하다.
- 1512년(중종 7) 8월 임신조약을 체결하다.
- 1515년(중종 10) 연산군 때 폐지되었던 독서당 제도가 부활하다.
- 1517년(중종 12) 6월 비변사(備邊司)를 설치하다.
- 1518년(중종 13) 소격서(昭格署)를 폐지하다.
- 1519년(중종 14) 4월 조광조의 건의에 따라 현량과(賢良科)를 실시하다. 12월 기묘사화(己卯士禍)가 발생하다.
- 1522년(중종 17) 12월 소격서(昭格署)를 재설치하다.
- 1530년(중종 25) 8월 「신증동국여지승람」을 편찬하다.

변상벽의 시대(1730~1776년) 50쪽 | 서거정의 시대(1420~1488) 60쪽 | 효종 임금 시대(1619~1659년) 74쪽

- 1760년(영조 36) 6월 『일성록』의 기록을 시작하다.
- 1762년(영조 38) 5월 임오화변이 발생하고 사도세자가 뒤주 속에 갇혀 죽다. 정약용이 태어나다.
- 1763년(영조 39) 조엄에 의해 고구마가 전래되다.
- 1770년(영조 46) 8월 『동국문헌비고』를 완성하다.
- 1776년(영조 52) 3월 조선 22대 왕 정조(正祖) 이산 즉위하다.
- 1776년(정조 즉위년) 7월 홍국영(洪國榮)의 세도가 시작되다.

- 1421년(세종 3) 집현전을 확대하고 개편하다.
- 1446년(세종 28) 훈민정음을 반포하다.
- 1450년(문종 즉위년) 2월 문종 이향(李珦), 조선 제 5대 임금으로 등극하다.
- 1451년(문종 1) 고려사를 완성하다.
- 1453년(단종 1) 수양대군이 계유정난을 일으켜, 권력을 장악하다. 이징옥의 난이 일어나다.
- 1456년(세조 2) 6월 성삼문, 박팽년 등이 상왕인 단종의 복위를 도모하다. 처형되다. 집현전을 폐지하다.
- 1457년(세조 3) 6월 단종을 노산군(魯山君)으로 강등하여 영월에 유배 보내다. 10월 영월에서 노산군(단종)이 사망하다.
- 1466년(세조 12) 직전법을 시행하다.
- 1467년(세조 13) 유향소가 혁파되고, 5월 함길도 토족 이시애가 난을 일으키다.
- 1469년(성종 즉위년) 『경국대전』을 반포하다.
- 1478년(성종 9) 12월 서거정(徐居正)이 『동문선』을 편찬하다.
- 1482년(성종 13) 8월 폐비 윤씨(廢妃 尹氏)에게 사약을 내리다.

- 1619년(광해군 11) 3월 조선군이 부차 전투에서 패배하다. 도원수 강홍립(姜弘立)이 후금에 항복하다.
- 1623년(광해군 15) 3월 인조반정이 일어나다. 서인이 광해군(光海君)을 폐하다. 조선 16대 왕 인조(仁祖) 이종 등극하다.
- 1627년(인조 5) 1월 후금이 조선을 침공하여 정묘호란이 일어나다.
- 1635년(인조 13) 영정법을 시행하다.
- 1636년(인조 14) 12월 병자호란이 발발하다(~1637년).
- 1653년(효종 4) 시헌력을 채택하다.
- 1654년(효종 5) 3월 제1차 나선정벌을 행하다.
- 1659년(효종 10) 조선 18대 왕 효종(孝宗) 이호 즉위하다. 1차 예송논쟁이 일어나다.

궐녀와 심생의 시대(영조 연간) 118쪽

정운창의 시대(영조, 정조 연간) 136쪽

영조 임금의 시대(1694~1776년) 146쪽

- 1725년(영조 1) 1월 을사환국이 일어나고, 탕평책(완론 탕평)을 실시하다.
- 1727년(영조 3) 정미환국이 일어나다. 당색이 온건한 인사로 정계가 재편되다.
- 1728년(영조 4) 3월 이인좌의 난이 발생하다.
- 1741년(영조 17) 영조 임금. 자신의 왕세제 책봉이 경종과 대비의 하교로 이루어짐을 천명한 신유대훈을 발표하다. 난전을 엄격히 금지하다.
- 1750년(영조 26) 7월 균역법을 실시하다.
- 1760년(영조 36) 6월 『일성록(日省錄)』의 기록을 시작하다(~1910).
- 1762년(영조 38) 5월 임오화변이 발생하다. 사도세자가 뒤주 속에 갇혀 죽다. 정약용이 태어나다.
- 1763년(영조 39) 조엄에 의해 고구마가 전래되다.
- 1770년(영조 46) 8월 『동국문헌비고』를 완성하다.
- 1776년(영조 52) 3월 조선 22대 왕 정조(正祖) 이산 즉위하다.

- 1770년(영조 46) 8월 『동국문헌비고』를 완성하다.
- 1776년(영조 52) 훈련대장 이장오가 파직되어 강화도 교동에 충군되다. 3월, 조선 22대 왕 정조(正祖) 이산 즉위하다.
- 1776년(정조 즉위년) 7월 홍국영(洪國榮)의 세도가 시작되다. 9월 규장각(奎章閣)이 설치되다.
- 1780년(정조 4) 박지원(朴趾源)이 건륭제(乾隆帝)의 칠순연(七旬宴)을 축하하기 위하여 사행하는 삼종형 박명원(朴明源)을 수행하여 청나라 고종의 피서지인 열하를 여행하다.
- 1783년(정조 7) 박지원(朴趾源)이 『열하일기』를 완성하다.
- 1784년(정조 8) 유득공의 『발해고』가 완성되다.

- 1694년(숙종 20) 3월 폐비 민씨 문제로 갑술환국이 일어나다. 소론이 정권을 잡고, 남인이 완전히 몰락하다.
- 1712년(숙종 38) 청나라 오라총관 목극등이 백두산 정계비를 세우다.
- 1720년(숙종 46) 6월 조선 20대 왕 경종(景宗) 이윤 등극하다.
- 1721년(경종 1) 연잉군(영조) 왕세제에 책봉되다.
- 1722년(경종 2) 신임사화가 일어나다.
- 1724년(경종 4) 8월 조선 21대 왕 영조 이금 등극하다.
- 1725년(영조 1) 1월 을사환국이 일어나고 탕평책(완론탕평)을 실시하다. 압슬형을 폐지하다.
- 1727년(영조 3) 정미환국이 일어나다. 당색이 온건한 인사로 정계가 재편되다.
- 1728년(영조 4) 3월 이인좌의 난이 발생하다.
- 1729년(영조 5) 『숙묘보감』을 편찬하다.
- 1736년(영조 12) 『경국대전』을 보강하다(속대전).
- 1741년(영조 17) 영조 임금. 자신의 왕세제 책봉이 경종과 대비의 하교로 이루어짐을 천명한 신유대훈을 발표하다.
- 1762년(영조 38) 사도세자(思悼世子)가 뒤주 속에 갇혀 죽다.
- 1772년(영조 48) 탕평책을 실시하다.
- 1776년(영조 52) 3월 정조(正祖)가 즉위하다.

- 1674년(현종 15) 조선 19대 왕 숙종(肅宗) 이순 등극하다. 2차 갑인 예송논쟁이 일어나고, 1년설을 주장한 남인이 승리하다.
- 1676년(숙종 2) 최석정, 윤휴를 비난하고 김수항을 옹호하다가 파직되다.
- 1680년(숙종 6) 4월 경신환국이 일어나다. 서인이 정권을 장악하다. 윤휴, 허적 등 남인 실세들이 대거 숙청되다.
- 1683년(숙종 9) 4월 남인의 처벌 문제로, 서인이 노론과 소론으로 분당하다.
- 1689년(숙종 15) 2월 세자 책봉 문제로 기사환국이 발생하다. 노론이 실각하고, 남인이 다시 집권하다.
- 1694년(숙종 20) 3월 폐비 민씨 문제로 갑술환국이 일어나다. 소론이 정권을 잡고, 남인이 완전히 몰락하다.
- 1696년(숙종 22) 안용복(安龍福)이 감세사를 사칭하며, 울릉도와 독도, 두 섬이 조선의 영토임을 일본에 확인시키다.
- 1701년(숙종 27) 최석정, 소론의 영수로 영의정에 오르다.
- 1712년(숙종 38) 5월 청국 오라총관 목극등이 백두산 정계비를 세우다.
- 1715년(숙종 41) 최석정, 기로소에 들어가고, 이 해에 사망하다.
- 1725년(영조 1) 1월 을사환국이 일어나고 탕평책(완론탕평)을 실시하다.
- 1727년(영조 3) 정미환국이 일어나다. 당색이 온건한 인사로 정계가 재편되다.
- 1728년(영조 4) 3월 이인좌의 난이 발생하다.
- 1741년(영조 17) 영조 임금, 자신의 왕세제 책봉이 경종과 대비의 하교로 이루어짐을 천명한 신유대훈을 발표하다.

- 1689년(숙종 15) 2월 세자 책봉 문제로 기사환국이 발생하다. 노론이 실각하고, 남인이 다시 집권하다.
- 1694년(숙종 20) 3월 폐비 민씨 문제로 갑술환국이 일어나다. 소론이 정권을 잡고, 남인은 완전히 몰락하다.
- 1696년(숙종 22) 안용복(安龍福)이 감세사를 사칭하며, 울릉도와 독도, 두 섬이 조선의 영토임을 일본에 확인시키다.
- 1712년(숙종 38) 5월 청나라 오라총관 목극등이 백두산 정계비를 세우다.
- 1725년(영조 1) 1월 을사환국이 일어나고 탕평책(완론 탕평)을 실시하다.
- 1726년(영조 2) 서평군 이요, 주청 정사가 되어 청나라로 향하다.
- 1727년(영조 3) 정미환국이 일어나다. 당색이 온건한 인사로 정계가 재편되다.
- 1728년(영조 4) 3월 이인좌의 난이 발생하다.
- 1741년(영조 17) 영조 임금, 자신의 왕세제 책봉이 경종과 대비의 하교로 이루어짐을 천명한 신유대훈을 발표하다. 난전을 엄격히 금지하다.
- 1750년(영조 26) 7월 균역법을 실시하다.

- 1772년(영조 48) 탕평책을 실시하다.
- 1776년(영조 52) 조선 22대 왕 정조 이산 즉위하다.
- 1784년(정조 8) 이승훈이 천주교를 전도하다.
- 1784년(정조 8) 유득공의 『발해고』가 완성되다.
- 1785년(정조 9) 『대전통편』을 완성하다.
- 1786년(정조 10) 천주교 금지령을 발표하다.
- 1791년(정조 15) 신해통공을 실시하다. 신해사옥이 일어나다.
- 1796년(정조 20) 수원 화성이 완공되다.
- 1800년(정조 24) 조선 23대 왕 순조이공 즉위하다.
- 1801년(순조 1) 신유사옥·황사영 백서 사건이 일어나다. 공노비 해방되다.
- 1831년(순조 31) 천주교 조선교구가 설치되다.
- 1832년(순조 32) 영국의 로드 암허스트호, 최초로 통상을 요구하다.
- 1834년(순조 34) 조선 24대 왕 헌종 이환이 즉위하다.
- 1839년(헌종 5) 기해사옥이 일어나다.

장수찬의 역사툰

이 책의 차례

Part 1

묘한 인연,
고양이와 복을 받은 인생

#1 숙명공주이야기 · · · · · · · · · · · · · · · ·

효종 임금 셋째딸인 숙명공주는
소문난 애묘가였는데...

냥냥ㄸ

효종 임금 3녀 숙명공주

숙명이가 고양이를
이리도 좋아하니 필시,
오래 살 팔자인가 보오!

*중국어로 고양이 '묘'는 칠십 노인 '모(耄)'와 독음이 같아
옛부터 동양권에서 장수의 상징이었다고 한다.

시집간 숙명이 하루 종일 고양이만
끼고 있으니, 보다못한 효종 임금이
한소리 할 정도였다.

까르륵 까르륵

너는 어찌
괭이만 끼고
있느냐?

숙명공주는 당시 명망있던 청송심씨
집안으로 시집 갔는데...

삼한 갑족
청송 심씨!
세종임금 처가.
붕당정치 서인
심의겸 집안

숙명공주 시아버지 심지원은
개국공신 심덕부의 후손으로
영의정까지 오름.

22

며느리이지만 공주 신분이라, 고양이만 애지중지하는 그녀를 시집에서조차 함부로 하기는 어려웠다.

괭이랑 놀아야징

))))

며느리이지만 공주님이시니 상전을 뫼시는 게야!

에휴 cee

냥냥 cee

숙명의 언니인 숙안공주가 1654년 먼저 임신했더니, 어머니 인선왕후 장씨가 숙명에게 닦달하는 편지를 보낸다.

숙명이 너는 언제 아들, 딸 낳아 우리를 기쁘게 할꼬?

쓱쓱

인선왕후 장씨(신풍부원군 장유의 딸)

그러니, 부왕인 효종이 직접 공주에게 자중하라고 연통을 보냈을 것이다.

아바마마께서 시집에 정성을 바치라고 하시네.

냐옹

그래도 난 냥이가 좋은 걸?

.....

숙안공주가 아들을 낳아도 숙명은 별반응이 없이 그저 웃기만 했다.

우리 언니가 드뎌 떡두꺼비를 놓았대!

힝!

호호 cee 울언니 대단하지 않니?

부마되

천성 자체가 욕심이 없던 우리 숙명공주님.

고양이만 끼고 산 까닭인지, 청평위 심익현과의 사이에 자식이 없었다.

ZZZ

고양이가 남편보다 짱!

드뎌, 1658년 숙명은 임신을 하고, 육아 준비에 들어가야 하지만...

호호 연애소설 넘나 좋은거!

공주님 배고프다 냥 cee

<녹의인전>을 읽고있는 숙명공주.

*녹의인전 : 중국 명나라 소설로 전등신화를 소재로 한 내용.
숙명공주가 자주 읽었다고 한다.

숙명은 옥이야 금이야 냥이에게만
정성을 들이니...

어머나ー
내가 냥이 밥을
잊었네
어뜩해

냐옹냐옹ー

보다못한 인선왕후가 그녀를 다그치는
편지를 보냈다.

니 동생 숙휘는
아기 베개를 만든
다고 낑낑거리며
부스럭거리는데
언니인 너는 뭐
하는 게냐?

숙명아. 제발.. plz...
왕실의 체통을 생각하거랏!

그래도, 숙명은 청평위와 금실은 좋았는지
아들을 둘씩이나 두어서 그 시대엔 할 일은
다 한거였다.

공주마마.
소신에게도
고양이처럼
사랑할 기회를
주시기는
하시나이까?

부마도위
께서 어찌
그런말씀을
하세요?

언니인 숙안공주는 35살에, 아랫동생
숙휘공주는 불과 21살에 청상과부
가 되었지만...

숙휘공주.

공주..저승에서
백년해로 합시당
안녕~~

서방님

인평위 정제현
20살 요절.

숙명은 43살에 과부가 되었으니,
그나마 자매들보단 복이 많았다.

에휴

그리 중국을 오가시더니
과로사 하셨소?

*청평위 심익현은 왕실을 대표해, 청나라의
 연행사신이 되어 3차례나 중국을 방문했다.

게다가, 숙명공주는 예순살까지 살아
효종 임금 예상대로 장수했다.

고모님
야옹이가
너무
이쁩니다

숙종 임금

냥이, 함 키워보세요.
주상~~

숙명공주의 고양이 사랑은 조카인
숙종 임금에게까지 이어져, 금손과의
일화는 아주 유명했다.

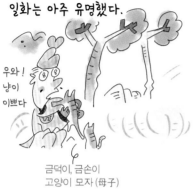

우와!
냥이
이쁘다

금덕이, 금손이
고양이 모자 (母子)

고양이를 너무나 사랑해 부모님 꾸중을
들어야 했던 숙명공주. 그래도 부부애가
좋았고, 아들도 둘이나 낳았으니 이것
역시 고양이의 덕이 아니었을까?

야아옹

갓냥이!!
넘나 사랑해.

숙명공주편 끝 -

#다산추 #킹.냥.이 #응...관절약 #원조캣맘
#괴양이_하자 #갓걸룩

· 유니콜즈 ·

위에 등장하는 숙휘공주가 드라마 마의에서 나왔었죠. 마의에서 임금이 현종인데 효종 아들이죠. 마의에서 조승우랑 김소은 러브라인 만들려고 숙명공주의 기록을 숙휘에 씌운 거군요. 마의에서 숙휘공주가 냉덕후로 나옴. 마의 보신 분들은 아시겠지만 극 중에서는 현종이랑 숙휘는 둘도 없는 남매로 나오는데 실제로는 사이가 정말 안 좋았다고..

네, 드라마 마의에 나온 숙휘공주가 숙명공주인 거 같습니다. 현종 임금에게 숙명은 손위 누나고, 숙휘는 손아래 동생인데 숙명공주가 다른 공주에 비해 천성이 온순해 현종 임금과 숙종 임금이 상당히 좋아했다고 하더라고요.

· 장수찬 ·

· Porco ·

요즘 그림체보다 이런 그림체가 더 반갑고 정겹네요. 역사 교과서가 이랬으면 참 좋았을 것 같네요. 즐겁게 잘 봤습니다!

구수하고 정겹다고 해서 '뚝배기 체'라고 하는 분들도 있는데, 저도 이런 윤승운 선생님과 같은 작화를 좋아해서 즐겨 그립니당. 감사합니당!

· 장수찬 ·

· 레전전설 ·

숙명공주의 글씨체가 완전 예술이네요.

오늘날 태어났다면, 숙명공주는 타이포 그래픽 디자이너가 되었을 겁니다. 실제로 그런 능력을 가지고 있는 거 같기도 하고요.

· 장수찬 ·

· 레전전설 ·

딸바보 인증하는 효종이네요..ㅎㅎ 하기 공주 신분이라 출가해서도 친정과 늘 연락하고 살 수 있으니 좋긴 좋네요.

엄마인 인선왕후는 공주의 잘못을 콕 집어 말하고 끝내지만, 아빠 효종은 첫마디는 따끔하지만, 공주가 기죽을까봐 마지막은 항상 따뜻한 말로 감싸 안아주는 스타일인 거 같아요. 감사합니다.

· 장수찬 ·

역사 속 이야기 :
숙명 공주 이야기

숙명공주(淑明公主, 1640~1699)는 조선 17대 왕 효종 임금과 인선왕후 장씨의 셋째 딸로 태어났다. 1652년 청평위 심익현(沈益顯, 1641~1683)에게 하가(下嫁, 처가 낮은 곳으로 시집간다는 뜻으로, 공주나 옹주가 귀족이나 신하에게로 시집감을 이르던 말)하여 열아홉 살에 첫아들 심정보를 낳고, 이듬해엔 둘째 아들 심정협을 낳았다. 숙명 공주는 어릴 적부터 고양이를 좋아했다고 전해지는데, 왕실의 한글 편지를 모아 놓은 《숙명신한첩(淑明宸翰帖)》[1]에는 애묘가의 면모가 고스란히 남아 있어 우리에게 좋은 이야깃거리를 전해 준다.

《숙명신한첩》 中 ⓒ 국립청주박물관 소장

"너는 시집에 가 (정성을) 바친다고는 하거니와 어찌 괴양이(고양이의 옛말)는 품고 있느냐? 행여 감모(감기의 옛말)나 걸렸거든 약이나 하여 먹어라." - 효종 임금

---

1 왕과 왕비에게 받은 한글 편지를 후손들이 모아서 만든 서간집으로 현재까지 소개된 것으로는 《숙명신한첩(淑明宸翰帖)》과 《숙휘신한첩(淑徽宸翰帖)》이 있다.

앞의 편지에서 보이듯, 고양이를 품고서 아버지 편지를 읽고 있는 숙명의 모습을 떠올리면, 귀여움이 한가득이다. 예부터 사람과 친했던 고양이는 나비와 함께 장수의 상징으로 여겼다. 고양이 묘(猫) 자는 칠십 노인을 뜻하는 모(耄)와 중국어 발음이 같았고, 나비 접(蝶) 자는 팔십 노인을 뜻하는 질(耋)과 중국어 발음이 같아서 나비와 고양이가 함께 그려진 그림은 수(목숨 壽, 오복 중의 하나)를 의미했다고 한다. 그래서일까. 애묘가 숙명 공주는 효종 임금 자녀 가운데 드물게 예순 가까이 살만큼 장수했다. 이것 역시 고양이를 사랑했던 숙명 공주가 받은 복이었을 것이다.[2]

언니인 숙안 공주, 동생인 숙휘 공주에 비해서 욕심은 덜했는지 부왕인 효종 임금은 숙명에게 악착같이 네 것을 챙기라며 충고하기도 했다고 한다.

《숙명신한첩》 中 ⓒ 국립청주박물관 소장

"너는 어찌해서 이번에 들어오지 않았는고? 어제 너의 형(숙안 공주)은 물론, 숙휘까지 패물들을 많이 가졌는데 네 몫은 없으니, 너는 그 사이만 하여도 매우 안 좋은 일이 많으니 내 마음이 아파서 이리 적는다. 네 몫의 것은 아무런 악을 쓰더라도 부디 다 찾아라." – 효종 임금

2 효종 임금의 다른 자녀들은 다음과 같이 비교적 이른 나이에 세상을 떴다. 숙신 공주 2세, 숙안 공주 61세, 숙명 공주 60세, 현종 임금 33세, 숙휘 공주 54세, 숙정 공주 23세, 숙경 공주 23세

효종 임금의 둘째 딸인 숙안 공주와 다섯째 딸인 숙정 공주의 패악질은 《조선왕조실록(朝鮮王朝實錄)》에 실릴 정도로 떠들썩하고 유명했다. 편지에서 보듯이, 못된 언니와 동생들 사이에서 패물도 제대로 챙기지 못한, 마음씨 고운 숙명 공주를 생각해 보면 서글픈 마음이 또 한가득이다. 자매들에게 인기가 많았던 숙명 공주가 임신하자, 동생 숙휘 공주는 출산 준비물을 대신 마련해 준다. 어머니 인선왕후 장씨는 이런 숙명의 태도가 마음에 들지 않는지 숙명 공주에게 '숙휘가 너의 출산 준비를 마련하느라 부스럭거리는데 너는 무엇을 하느냐'라며 도리어 혼을 내기도 했다.

《숙명신한첩》 中 ⓒ 국립청주박물관 소장

"글월(편지)을 받아 보고선 무사하니 기뻐하며 보는 듯 든든하여 반기노라. 집에 가는 것은 초승이 너무 가까워서 물러 택일을 하여 왔지만. 오늘도 (상감께서) 목정으로 밖에 나가 계시니, 들어오시면 취품을 하여야마. (택일 날짜를) 알 것 같다. 숙아이는 해사을 무사히 하ㄴ 가운데 생남(生男, 아들을 낳음)을 하니 기쁘기가 그지없다.

너는 언제 아들을 낳아 늙은 시아버지에게 자랑스러운 기쁨을 보이겠느냐." – 효종 임금

앞 쪽의 사진은 인선왕후 장씨가 숙명 공주에게 보낸 편지이다. 큰딸 숙안 공주가 아들을 낳자, 숙명 공주에게 '너는 언제 아들을 낳아 기쁨을 보이겠느냐'라며 은근히 자매들 사이에 경쟁을 붙이는 어머니의 모습은 읽는 재미가 있다. 왕실 가족의 비밀스러운 사생활은 지금, 우리의 삶과 하등 다를 바가 없었던 것이다.

✳ 참고문헌
 《숙명신한첩》, 국립청주박물관 소장
 황문환 등역, 《조선시대 한글편지 판독자료집》, 역락, 2013
 한국학 중앙 연구원 고문서 자료관(http://archive.aks.ac.kr/)

#2 신숙이야기 ·············

선조 임금 시절 이야기로 한양에 신숙이란
선비가 살고 있었는데...

큰 시험엔
번번이
떨어지는 만년
백수여요!

생원시엔 일찍 합격했지만 대과
시험에선 자꾸 떨어졌다.

당신 사주는
묘! 한
사주요.

짤랑 짤랑

점쟁이

그 묘자가 고양이 묘(猫)자요?
낙방이
고양이 때문이라는 거요?

이리저리 허송세월만 하다가 32살
적지 않은 나이에 신숙은 '별시'에
응시하게 된다.

시험공고

응

올해는 어째 이상한
기운이 감돈다.
급제인가? 낙방인가?
고것이 문제로다.

친구들과 길을 걷고 있는데 신숙 앞으로 고양이 한 마리가 쌩~하고 지나갔다.

친구들은 이번 시험에 신숙이 급제할 징조라며 덕담 한마디씩 했다.

* 인중(仁仲) : 신숙의 자(字)로 조선 시대에는 친구 사이엔 이름 대신 자를 불렀다.

꼬장꼬장한 선비였던 신숙은 허황된 미신이라며 믿으려 들지 않았다.

그러던 중, 신숙은 1차 초시에 합격해 버렸는데...

2차 시험인 복시를 준비하던 중 밥을 먹으러 가던 신숙은 다시 한 번 냥이를 보게 되었다.

며칠 후, 신숙은 그 어렵다는 2차 복시에도 합격했으니...

이때부터 신숙은 심장이 쿵쾅거리며 무척 초조해졌다.

묘자 사주가 고양이 급제를 말하는가!

덜덜덜

사실, 대과 시험은 2차 복시에만 합격하면 최종 합격이나 마찬가지 였지만...

3차는 석차만 정하므로, 격식만 위반하지 않으면 급제요!

답안지 채점하는 대제학!

*보통 대과 시험 문제 출제와 채점 주관자는 홍문관이나 예문관 대제학이었다.

신숙은 고양이 징크스 땜에 3차 시험 공부가 되지 않았다고 한다.

이렇게 앉아서 공부할 게 아니라, 고양이를 봐야만 합격할 거 같은데!

소심쟁이 신선비는 결국 방을 박차고 나가 고양이를 찾아다니며 길거리를 방황했다.

아이고 안되겠당

꽝

우다다다

개똥도 약에 쓰려면 없다고, 겨울이 다다른 11월 추운 날이라 냥이들이 보이지 않았다.

야옹아 야옹아 어디 있니?

으 추워

3차 시험은 다가오고, 고양이는 보이지 않으니 신숙은 미칠 지경이었다.

돌 틈에 숨었능가?

낑낑

?

장수찬의 역사툰

33

그러던 중 어느날.....

선비님! 고양이 나무에
한번 가보쇼.

고양이
나무 ?

냥이는 고양이 나무에서
열린답니다.

하하

오호

그랬구나 ㄸ
그랬어 ㄸ

고양이가 주렁주렁!!

그렇게 냥줍하는가 싶었는데,

낄낄낄
장원급제
로다

냥이를 이만큼이나
담았져 !

•
•
•

아! X꿈

꿈속에서까지 냥이 찾아 삼만리를 하던
신숙은 드디어, 허름한 여관 근처에서
고양이를 발견하고는...

앗!
식빵 굽고
있었구나

조심히 다가가 손바닥으로 살살 바람을
부치며, 냥이가 깨어나기만을 기다렸다.

마침내, 고양이는 귀찮은 듯 일어나고
신숙 앞을 살살 걸어갔다고 한다.

웬걸, 냥이가 병이 들었는지 움직이질
않았다. 더이상 고양이를 찾아다닐
시간과 여력이 없던 신숙은...

세상을 다 얻은듯 신숙은 고함을 지르고
다음 날 맘 편히 과거장에 들어갔다.

이리저리 치근덕거리며 고양이가 정신이
들도록 도와주었고...

정말 놀랍게도 신숙은 뒤에서 다섯
번째! 가까스로 시험에 합격했다.

꼴찌로 합격해도
고맙지!

이 이야기를 들은 세상 사람들은
고양이 급제라며, 신기하게 여겼다.

냥이가 한 건 했군!!
신생원을 출세시키다니.

행운을 드립니당!

양

괴양이팔아용

고양이의 간택를 받은 신숙은
임진왜란을 겪고도 무사했고...

나리!
왜놈들이 쳐들어 온대요!
피난 가야지유.

걱정하덜
말거라. 고양이
에게 은혜 입은 몸!
오래 살
팔자로다!

묘한 사주를 지니고 태어나
남들과 달리 수를 누린 신숙.

천수를 누리며 여든 살까지 편히
살다가 세상을 떠났다고 한다.

냥이가 그렇게
나에게 찾아왔쥬.
그리고...
복을 주었어용.

많이들 기르슈,
냥이.

— 신숙편 끝

#댕댕이_거르고_냥냥이 #식빵굽기 #고양이_귀욤
#갓냥이는_개추야 #나만_고양이_없어!

・CuteMaggie・

지금까지 살면서 돈을 주워 본 기억이 거의 없는데 새벽에 길냥이 밥을 주러 나가기 시작한 이후 올해만 20만 원 넘게 주웠네요... 한번은 비가 엄청나게 오는 새벽이었는데 5만 원짜리가 빗물에 둥둥 떠내려 오더라는... 이러다 로또 당첨 되는 거 아닌가 합니다..ㅋ

분명, 동양에선 행운의 이미지 맞는 거 같아요!! 계속 냥이 도와주세요. 복 받으실 겁니다. 감사합니다.

・장수찬・

・Taeng&Seo・

장순손은 아마 고양이가 목숨을 살려 준 일화일텐데 급제 일화도 있나요?

둘 다입니다. 장순손 역시 소과, 대과 보러 갈 때마다 고양이가 뛰어간 길을 택해 그 길을 선택해 다녔더니, 합격했다고 해요. 그러다가 연산군이 금부도사와 선전관을 보내 장순손을 처치하려고 했는데 그때도 순손이 고양이를 만나 고양이를 뛰어간 길을 택해 갔더니, 금부도사와 선전관이 서로 길이 어긋나 결국 목숨을 구했다는 야사가 연려실기술에 실려 있습니다. 읽어 주셔서 감사해용~~

・장수찬・

・3할타자 딩요・

고양이 열매 ㅋㅋㅋ 저도 저런 복 좀 받아봤으면. 잘 봤습니다.

감사합니다!!

・장수찬・

・야구피플・

드릴 게 추천밖에 없네요. ^^ 모아서 책으로 내셔도 될 듯합니다. 어릴 때 윤승운 화백의 맹꽁이 서당 읽는 느낌인데 로봇 찌빠의 신문수 화백 느낌도 같이 나네요. ^^ 향수를 불러일으키게 해 주셔서 감사합니다.

저도 화백님들 참 좋아해요!! 감사합니다!!

・장수찬・

・Ohnexen・

역시 냥이가 진리..ㅋ

냥이가 진리죠. 감사합니다!!

・장수찬・

・teatime・

어찌고 고양이가 알을 끼니끼게 긴 들었으니 징그는보니 ᆫ 루딘이 이닌시 깊네요. ᄀ 나저나 아x발꿈에서 뿜었습니다. ㅋㅋ

재미있으셨다니 정말 다행이에요. 감사해요~

・장수찬・

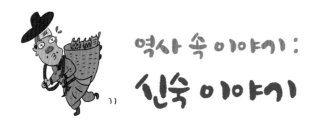

역사 속 이야기 :

신숙 이야기

인생은 '운칠기삼(運七技三)'이라고 한다. 개인의 성공에 있어 자신의 노력도 필요하지만, 그와 더불어 행운의 요소도 무시할 수 없다. 행운의 순간을 기다리는 것. 그 얼마나 어려운 것인가! 앞날은 예측할 수 없는 일이기에 더욱 그렇다. 또, 때를 얻으면 그 기회를 놓치지 말고 적극적으로 달려들어야 한다.

조선 시대 신숙(申熟, 1537~1606)이라는 인물이 있었다. 스물일곱 살에 소과 시험인 생원시는 합격했지만, 어찌 된 영문인지 대과 시험과는 연이 없었다. 몇 년간 방황하다 서른두 살쯤 대과 별시에 응시한다. 과거 시험을 보러 가는 길에 우연히, 고양이가 그의 앞으로 지나가는 걸 보고 난 후 1차 시험에 합격했다.

《국조방목(國朝榜目)》 ⓒ 서울대학교 규장각 한국학연구원 소장

Note

《국조방목(國朝榜目)》에 실린 신숙의 1569년도 급제 기록. 생원 신숙(生員 申熟)의 자(字)는 인중(仁仲), 정유생(丁酉生), 본관은 평산(平山)이고 아버지(父)는 신홍미. 신숙은 예순아홉 살까지 살았고, 어우당(於于堂) 유몽인(柳夢寅)이 그의 묘비명을 지었다.

2차 시험인 복시(覆試)를 앞두고서 고양이가 또 그의 앞을 지나갔다. 필연인지 2차 시험도 합격했다. 대과 급제를 '고양이의 행운'이라고 굳게 믿은 신숙은 3차 전시 시험을 앞두고 고양이를 보기 위해 성저십리(城底十里, 조선 시대 한성부 도성으로부터 10리 이내의 성외 지역)를 돌아다녔다. 11월 추운 날씨 때문인지 그의 앞에 고양이가 나타나지를 않았다. 신숙은 속이 탔다. 낙방 신세를 면치 못하던 그에게 하늘이 준 기회인 거 같아서 더욱 그랬다. 별시를 하루 앞두던 1569년 11월 12일. 신숙은 친척 집까지 방문해 고양이 탐방에 나섰지만 헛수고였다. 모든 걸 포기하고 집으로 돌아가려던 그때, 여관방 근처에 쭈그리고 앉아 있는 고양이 한 마리가 눈에 띄었다. [3]

살금살금 고양이에게 다가간 신숙은, 사력을 다해 고양이가 그의 앞을 지나가도록 만들었고, 가까스로 좋은 징크스를 완성했다. 다음 날, 홀가분하게 전시를 치른 신숙은 별시 문과 병과 7위. 합격자 16명 중 11등의 성적으로 급제했음을 그의 방목(榜目, 합격자 명단)에서 확인할 수 있다.

그전까지 낙방을 면치 못한 삶이었지만 한 번 운이 터진 뒤 그의 일생은 순조로웠다. 임진왜란도 무사히 넘기고, 벼슬길도 순탄했으며 예순 살을 넘어 장수까지 했으니, 그의 삶에 고양이가 행운을 가져다 준 것이 분명하다. 유몽인의 《어우야담(於于野譚)》에 실린 그의 이야기는 '고양이 급제'라는 말로 인구에 회자되었고, 고양이에게 좋은 인상을 주는 데 크게 기여하였음은 두 말할 나위가 없다.

✺ 참고문헌
유몽인, 《어우야담(黎雨夜談)》
《국조방목(國朝榜目)》, 서울대학교 한국학연구원 규장각 소장
황대일, 〈[숨은 역사 2cm] 길고양이 선비 앞 지나가면 과거시험 합격했다〉, 《연합뉴스》, 2017.3.22 (http://www.yonhapnews.co.kr/bulletin/2017/03/20/0200000000AKR20170320050900797.HTML?input=1179m)
황의웅, 〈과거 급제엔 엿보다 고양이 – 고양이 인문학 : 묘묘한 이야기〉, 《고양이 신문》, 2017.4.25(http://www.catnews.net/bbs/board.php?bo_table=G307&wr_id=169).

3 출처: 황의웅, 〈과거 급제엔 엿보다 고양이 – 고양이 인문학 : 묘묘한 이야기〉, 《고양이 신문》, 2017.4.25

장순손 이야기 •

조선 중종때 영의정을 지낸 장순손이란
인물이 있었는데...

돼지 대가리와
닮았다고 하여
별명이 저두(猪頭)
정승이었다오!

얼굴이 흡사 돼지와 비슷해 돼지
정승으로 불렸다고 해.

뭐? 내가
못생겼다고?

너희들은 얼마나
잘생겼냐?

순손은 젊은 시절, 소과 시험을 보러
서울로 올라 가고 있었는데...

공자왈
맹자왈~

산길에서 굶주린 고양이 한 마리를
발견했어.

장순손은 유학을 공부한 선비라
어진 마음이 있어 고양이를 차마,
외면하지 못해 먹을 것을 주었지.

물을 탄 미숫가루

순손은 고양이가 정신차린 걸 보고,
다시 과행길을 재촉했다고 해.

그런데 어느 갈림길에서 냥이가 다시
나타났는데, 순손을 쓱 한번 쳐다
보더니 왼쪽 길로 재빨리 도망갔다고
하더라.

순손은 아무 생각 없이 냥이가 향한
왼쪽 길을 택해 서울로 올라갔지.

애고! 바쁘다 바뻐!

순손은 무사히 서울로 도착해 생원시
시험을 치루고 최종합격을 했어.

생원이 되어 금의환향하는데 고양이를
구해 준 그 산길에서 호랑이가 출몰해
유생들이 해를 입었다는 거야.

그러니까 갈림길에서 오른쪽 길을 택한
선비들이 호환을 당한 것이지.

호랭이 선생님
살려주캉!

아앙ㄹㄹ
내 밥!

냥이 덕택에 목숨을 건진 순손은 가슴을
쓸어내렸다더라.

작은 고양이가
큰 고양이를?

우어어!

몇년 후 순손은 다시 대과 시험을 보러
서울로 올라가는데, 고양이가 또 보였어.

야옹
야옹

!

냥이가 오른쪽 길로 뜀박질 하길래
순손은 냉큼 오른쪽 길을 택해 서울로
올라갔고...

이번엔 오른쪽?

당연히, 순손은 대과 시험에도 합격
했어.

* 선을 쌓으면
경사가 있다더니!

성종 임금 (1457-1494)

고양이의
보은인가 보다!

*적선지가 필유여경, 적불선지가 필유여앙
(積善之家, 必有餘慶, 積不善之家, 必有餘殃)
<주역> 문언전에 실려 있는 내용.

냥이 덕분인지, 장순손은 벼슬길도
순탄해 옥당 교리, 삼사의 언관 등
청요직을 두루 거쳐 관찰사까지 올라
갔다더라.

감사또
나으리

연산군이 등극하자, 사림세력을 미워한 연산은 선비들을 탄압했고 순손도 거기에 걸려서 귀양길에 오르는데...

연산군

방축향리 시켜라.

집으로 갑시다.

*방축향리형 : 고향으로 쫓겨가는 형벌.

하루는 연산군이 총애하는 기생이 잔칫상에 오른 돼지머리를 보고 웃었어.

고것참 장감사랑 똑같이 생겼네

까르륵 까르륵

이유인즉, 성주 기생인 그녀가 돼지 머리를 보고 성주 양반 장순손이 생각 나 까르륵 거렸던 거야.

호호!

분명!
썸싱이 있었겠지?
화가 난다. 화가 나

연산은 당장 순손을 한양으로 압송 하라며 금부도사를 보냈어.

장순손을 즉시 잡아 오너라

존명!

서울로 향하던 순손은 과거길로 오가던 산길에서 또 냥이를 보게 되었는데...

이보게! 금오랑 한 가지 부탁이 있소...

*금오랑 : 금부도사의 별칭.

금부도사에게 냥이가 간 길을 따라 가자고 부탁을 했지.

냐옹

고양이가 뛰어간 길로 갑시다!

고양이가 지나던 곳으로 가면 내 운이 항상 좋았소.

폭군 연산은 그새를 참지 못하고
선전관을 보내 순손의 목을 가져
오라고 명을 내렸다더라.

그놈의 돼지코를
빨리 보고 싶구나!

순손의 머리를
가져오겠나이다.

운 좋게도 장순손은 그 갈림길에서
선전관과 길이 어긋 나 버렸고...

곰부도사 와
장순손

순손이
잡으러 간다.

선전관

순손이 서울로 올라오자, 마침 중종
반정이 일어나 연산이 쫓겨나가고
순손은 목숨을 건지게 되었지.

박원종 대감이
반정을 성공시켰소!

와!
또 살았엉

고양이 덕분에 벼슬길에 오르고, 고양이
덕분에 목숨을 건진 장순손.

고양이는
장수의 상징
이라더니...

일흔일곱 살까지 살고
영의정에 오른
장순손 대감.

고양이와의 인연이 돼지 정승에게
복을 가져다주었다고 하니, 정말
고양이는 영물인 게 확실한가 보다.

고양이야
네 이름이 모니?

야옹
야옹

- 장순손편 끝 -

#굉이는_물 #하루종일_역사툰만_그리는_장
수찬 #갓냥이_찬양해! #떼껄룩_퍄퍄 #사람
목숨_여러번_살리는_ #킹냥이

•사나와지효•

와우 냥이는 진리

•장수찬•

봐주셔서 감사해요!! 이번 일화는 연려실기술에 실린 '야사'입니다. 전해지는 이야기다 보니, 이본(異本, 다른 종류)의 이야기가 여럿 있습니다. 대강 장순손 대감과 고양이의 인연이 이렇게 전해 내려온다는 걸 알아주셨으면 감사하겠습니당~~

•글리세린•

아 맹꽁이 서당 작가님이 그리신 건 줄 알았네요. 그, 그런데 귀향이 아니라 귀양이 아닐는지.

•장수찬•

예리한 지적이십니다. 조선 시대엔 고려시대의 '귀향형'을 본따 '방축향리'라는 소위, 고향으로 돌아가는 형벌도 있었다고 합니다. 그래서 귀양이란 말이 '귀향'에서 유래했다고 해요. 장순손은 벼슬을 박탈당하고 방축향리형을 받아 고향인 '상주'에 머물렀던 거 같아요. 각주를 붙여 놓을게요. 감사합니다!!

•Cr-im•

벽초 홍명희 작가님의 소설 임꺽정 봉단 편에서도 이 에피소드가 나오죠. 이것과 이장곤이 발이 커서 평민인 줄 알고 관헌의 체포에서 벗어났다는 건 나름 유명한 이야기...

•장수찬•

네 맞습니다! 잘 아시고 계십니다. 이장곤이 중종반정 덕분에 서울에 돌아오고 홍문관 교리로 복직하는데, 장순손 역시 방축향리에서 먼저 풀려나 홍문관에 근무하지요. 둘이 옥당에서 서로 번을 서는 스토리가 홍명희 소설에 나옵니다.

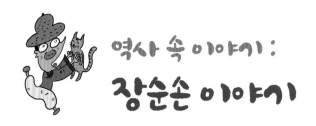

역사 속 이야기 :
장순손 이야기

임금의 잘못을 지적하던 조선 시대 언관들

장순손(張順孫, 1453~1534)은 경상도 성주(星州) 사람으로 군수 장중지의 아들로 태어나, 1485년
(성종 16년) 별시 문과에 급제하여 벼슬길에 올랐다. 장순손은 삼사(三司)의 요직을 두루 거치며
승승장구하였는데, 연산군에게 사냥을 자제하라는 언사(言事)를 했다가 미움을 받게 된다. 이
런 사실은 《조선왕조실록》에 자세히 기록되어 있다.

(임금이) 전교하기를,

"말은 짐작 없이 함부로 할 수 없어, 말하여 될 일도 있고 말해서 안 될 일도 있는 것이니,
가깝고 친밀한 곳에 있으면서 궁중의 일을 보고 그른 줄을 알더라도 말하지 말아야 한다.
내가 어찌 숨길 것이냐. 그때 후원에서 활쏘기를 구경하는데, 마치 집 돼지가 달려가기 때문에 우연히
쏜 것이다. 이것을 보았더라도 마음으로나 알고 말아야지, 어찌 입 밖에 내야 하는가.
그때의 홍문관 상소를 급히 상고하여 아뢰라. 홍식(洪湜)은 아직 형벌하지 말고, 홍문관원 상고하기
를 기다려 죄주도록 하라." 하였다.

유순(柳洵) 등이, 홍문관에서 상소했던 사람 부제학 이승건(李承健), 전한(典翰) 홍한(洪翰),
응교(應敎) 이수공(李守恭), 부응교 장순손(張順孫), 교리 김전(金詮)과 남궁찬(南宮璨), 이과(李
顆), 부수찬 권민수(權敏手)와 송흠(宋欽), 저작(著作) 이자(李滋), 정자(正字) 성중엄(成重淹)과
홍언충(洪彥忠)을 고찰하여 아뢰니,

전교하기를,
"외방에 있는 자는 잡아오고, 서울에 있는 자는 빈청(賓廳)으로 잡아다 국문하되, 만일 제대로 진술
하지 않으면 형장 심문하라." 하였다.

－《연산군일기》 53권, 연산 10년 5월 30일 기미 3번째 기사 －

조선 시대에는 임금의 수렵 행위를 '사냥놀음'으로 치부할 정도로 부정적으로 보았다. 태종 임금도 사냥하다 말에서 떨어지자, 사초를 작성하고 실록을 편수하던 사관(史官)에게 이를 알게 해서는 안 된다고 말한 사실이 왕조실록에 곧장 실릴 정도였으니, 신하들이 연산의 사냥 활동을 지적하던 것은 당연한 일이다. 연산군은 오랫동안 삼사의 관원으로 있었던 장순손을 견제하기 위해 수년 전 있던 일까지 샅샅이 소급해 벌을 주려 했다. 이것은 연산군이 단순히 장순손 한 개인이 싫어서 라기보다 군주의 일거수일투족을 감시했던 언론을 자신의 영향력 안에 넣으려던 것이다. '임금의 행동이 언로(言路)에 방해됨이 있다.', '임금이 사냥을 즐긴다.'라는 등 언론의 직간을 무시하고, '궁중(여기서는 임금을 의미)의 일을 함부로 말하지 말라.'며 신하들의 입을 틀어막던 연산군의 폭정은 장순손이 언급된 《조선왕조실록》 기사에서도 확인된다.

"경신년(1500, 연산군 6년) 사냥 때에 장순손(張順孫)·박은(朴誾)이 경연번(經筵番)으로 입직(入直)하여 논계(論啓)하고서, 신 등이 이튿날에 사진(仕進)하니, 순손이 '요사이 밤까지 사냥함은 상체(上體, 임금의 옥체)를 노고케 할 것 같으니 아뢰지 않을 수 없다더라.' 하므로, 신 등이 미처 생각하지 못하고서 같은 말로 아뢰었습니다. 또한 언로(言路, 신하가 임금에게 말을 할 수 있게 하는 통로)에 방해됨이 있다는 말은 통 기억할 수 없어서 앞장서서 주장한 자를 모릅니다."

– 《연산군일기》 54권, 연산 10년 6월 4일 계해 4번째 기사 –

연산은 폐비 윤씨 사건으로 훈구대신들을 숙청하여 정치의 주도권을 쥐게 되자, 다음 타깃으로 사림파 중심의 언관을 탄압해 왕권을 공고히 하려 했다. 이때 장순손도 방축향리의 죄를 얻고, 연산의 정치적 희생양이 되어 고향으로 쫓겨난 것이다. 장순손이 고향으로 쫓겨난 이후의 이야기가 바로 이긍익(李肯翊, 1736~1806)의 《연려실기술(燃藜室記述)》에 수록된 장순손과 고양이 야사다.[4]

장순손은 소싯적에 외모가 돼지와 비슷하여, 친구들이 그를 일러 돼지 대가리라고 비웃었다. 연산군이 성주 기생 하나를 총애하였는데 하루는 종묘의 제사가 끝나고, 관원이 궁중에 고기를 진상하였다. 기생이 그것을 보고 간드러지게 웃자, 임금이 그 까닭을 물었다. 기생이 "성주 문객 장순손은 쇠고기 폐지와 비슷하여, 고향 사람들 모두가 그를 돼지 내사리라고 부른 까닭에 웃었습니다."라고 말을 하니, 연산군이 크게 노하여, "장순손은 필시, 너의 애부(愛夫, 애인)구나! 속히, 돼지 대가리를 베어 바쳐라." 하였다.

4 필자가 《연려실기술》, 〈연산조 편〉 전문을 그대로 국역(國譯)하였다.

당시 장순손은 고향에 머물고 있었는데 임금이 잡아 오라는 명을 내리자, 이내 도행(徒行)에 올랐다. 순손 일행이 함창의 공갈못 갈림길에 이르렀을 때, 고양이 한 마리가 길을 가로질러 넘어갔다. 공(公)이 금부도사에게 청하여 말하길, "내 평생 과거 시험 보러 가는 길에 고양이가 내 앞을 가로질러 가면, 반드시 시험에 합격하였소. 오늘 우연히도, 갈림길에서 고양이를 보게 되었으니, 이 지름길을 따라가면 빨리 도착할 수 있을 것 같습니다. 원하건데, 이쪽으로 갔으면 하오." 하니, 도사도 이를 허락하였다.

함창현에 도착하여 선전관이 임금의 명을 받아, 순손을 베러 온다는 소식을 들었다. 상주에서 은밀히 반정의 낌새를 알아차리고선, 장순손은 천천히 길을 걸으며 조령에 이르니, 선전관도 그를 잡으러 다시 조령으로 돌아왔다. 때마침 중종반정이 일어났고 순손은 목숨을 구할 수 있었다고 한다.

《모질도(耄耋圖)》 ⓒ 장택상 구장본

Note

추사 김정희 선생이 그린 고양이 그림이다. 장순손이 본 고양이도 이와 같은 길고양이였을 것이다. 중국어로 고양이 '묘(猫)'의 발음이 칠십 노인을 뜻하는 '모(耄)'와 같아서 고양이는 장수의 상징으로 여겨졌다. 창랑 장택상의 구장품이지만, 6.25 전란 당시 소실되었다. 모질도에는 '작어대방도중(作於帶方道中)'이라 하여 대방을 지나다가 그렸다고 쓰여 있는데, 대방(帶方)은 오늘날 전라북도 남원 또는 황해도 사리원의 별칭이나, 정확히 어느 지역을 지칭하는지는 알 수 없다.

장순손의 '공갈못 고양이 일화'는 이긍익의 《연려실기술》 연산조 편에 실려 있는 기사 본말 형식의 야사(野史)로, 조선 시대 고양이의 긍정적인 이미지를 담고 있는 대표적인 일화로 지금까지 회자되고 있다.

❋ 참고문헌
　《국조방목》, 서울대학교 한국학연구원 규장각 소장
　《조선왕조실록》, 국사편찬위원회
　이긍익, 《연려실기술》

4

변상벽 이야기 ··················

변상벽은 지금 와선 고양이 그림으로
유명하지만...

헐!
냥이
이쁘다.

국립중앙박물관

조상님들도
고양이를
좋아하셨구나.

처음부러 고양이를 즐겨 그리지
않았다고 한다.

헤헤~
나두
사대부들이
좋아하는
산수화를
잘 그리고
싶당!

변상벽(생물연대 미상)
본관은 초계, 호는 화재, 자는 완보.

다른 화가들처럼 산수화를 열심히
그려 출세하려고 했지만...

최북

으아!
취한다.

뭐냐?
정신이 몽롱한 상태에서
저렇게 완벽한
그림을 그려대다니!

도화서엔 그보다 뛰어난
실력자들이 너무 많았다.

이러코롬
저러코롬
그리면
다 되는거
아니냐?

코딱지만한
조선땅에
천재들은
왜 이리 많은가?

낙심한 변상벽은 우울한
나날을 보내고 있었는데...

이제 뭐먹고 사냐?
도화서 최고 화원이
되는 게 목표였는데...

삶의 방향을 잃었어.

그를 위로해 주는 건 곁에 두고
아끼던 고양이뿐이었다.

냥아,
세상살이가
만만치가
않쿠나!

집사야!
울지마라.
내가 도와
주겠다냥

냥이의 경쾌한 생김새가 좋았던
상벽은 가끔 붓을 놀려 고양이를
그려 보았는데...

으헤헤

넘나
이쁜거!
내가 니땜에 산다.
왜 그리
귀여운 고냥?

어서어서
날그려라!
집사야.

헐!

이보게, 완보!
자네에게
이런 재주가
있었는가?

쓱쓱
쓱쓱

냥냥

의외로 그의 묘작도가 사람들
에게 반응이 좋았던 것이다.

이보게
고양이그림을
나에게 팔게!

으흥?
맘에드는겐가?

이거 분명 뜬다.

고양이를 장수의 상징으로
여겨지는 풍조가 조선사회에
퍼지게 되자...

어르신
만수무강하십쇼!

예끼! 이 사람아.
늙은이가 70살까지
살았으면 됐지,
80살까지 살라고
고양이 그림을 주는가?

냥이를 그린 그림을 주고 받는
것이 하나의 유행이 되었다.

중국어로
고양이가 '猫(묘)' 자가
늙은이 '耄(모)' 자와
발음이 똑같구냥.

그렇취!
나비 '蝶(접)' 자는
늙은이 '耋(질)' 자와
발음이 같아서
고양이랑 나비 그림은
장수를 의미하지.

이런 분위기 속에서 변상벽
의 그림이 드디어 인정받기
시작 했다고 한다.

야
호
!

넘나
살맛 나는 거!

데헷!
너 정말
영물
이고냥.

냥이 땜에 유명해졌엉.
여러분 고양이 많이 키우쇼!

변상벽은 고양이뿐만 아니라,
인물화도 잘 그려 더욱 인기를
얻었다.

고양이 그림으로
이름을 날리니
초상화를
그려 달라는
수요가
폭발했죠.

윤급 초상화를 그린
변 상 벽

평양을 유람하던 사도세자의
모습을 우연히 그림폭에 담기도
했는데...

상벽아!
너의 재주를
한껏 발휘해
보거라!

궁 밖에
나오셔서
바람을 쐬시니
멀쩡하시네?

정조 임금은 변상벽이 그린 세자의
얼굴을 보자마자 생전 모습과 너무나
흡사해 땅을 치며 통곡할 정도였다.

한편, 탁월한 상벽의 그림 실력은
영조 임금도 인정하여...

자신의 어진을 주관하는
주관화사에 변상벽을 지명
하기도 했다.

임금의 용안을 그린 공로로 6품
실직인 곡성현감이 되었으니...

중인신분으로서는 파격적인
출세였다.

와 이리 좋노
꾸르꾸룰루!
지화자 좋다!

그 누구보다 성공적인 삶을 꿈꾸
었던 변상벽으로서는 일생일대의
목표를 이룬 것이다.

엣헴

변 괴양이
사또 행차요!

* 변고양이 : 변상벽의 별명. 고양이를
  잘 그려서 변고양이라고 불렸다고 함.

그의 사후, 다산 정약용은 변상벽이
그린 동물 그림들을 보고 그 생생한
묘사력에 놀라움을 표하기도 하였다고
한다.

산수화
그린다고 설쳐대는
저 어설픈
궁중화가들보다
훨씬 낫구만!

정약용(1762-1836)

일생동안, 고양이를 정말정말
많이 그린 탓에 변고양이라는
별명이 붙었던 변상벽.

나비야! 어흥해봐.

냐옹

?

고양이에 미친
변 괴양이
아닌가?

김정희, 정선, 이암, 김홍도 등 유명
예술인들 역시 고양이를 그렸지만,
유독 변상벽만을 변고양이라며
불렀을까?

단원 김홍도

겸재 정선

괭이 그림은
이를테면,
입이 심심할 적에
가끔 먹는 사이드
메뉴에 불과
한 것이죠.
지루할 때 한 번씩
그려 주는
그런 거?

그 이유는 그저, 애정없이
그림 소재로서만 고양이를
택한 것이 아니라. . .

나비야!
어흥해봐.

냐옹!

저 양반은
돈도 안되는
고양이만 그리네.
에휴!

진정으로 고양이들 사랑한
애묘인이었기에 세상사람들
이 변상벽을 인정한 까닭이
아니었을까?

어흥!

넘나 이쁜 거!
내가 니 땜에 산다
왜 그리 귀여운 고냥?

산수화만을 최고로 치켜 세우던
당대의 풍토에서 벗어나, 독자적
인 영역을 구축한 그에게 박수를
보낸다.

조선최고의
애묘가!
리스펙트
합니다용!

- 변상벽 편 끝

•복타르•
첫 번째 그림 속 고개 들고 있는 고양이는 정말 멋지네요.

봐주셔서 감사해요!! 이번 일화는 연려실기술에 실린 '야사'입니다. 전해지는 이야기
다 보니, 이본(異本, 다른 종류)의 이야기가 여럿 있습니다. 대강 장순손 대감과 고양
이의 인연이 이렇게 전해 내려온다는 걸 알아주셨으면 감사하겠습니당~~

•장수찬•

•주말에뭐해•
예전에 고양이 흉조라고 싫어한 줄 알았더니 아니었나봐요 ㅎㅎ 장수의 상징이었군요.

옛날에 역병이 돌면, 대문에 고양이 그림을 붙여 놓았다고 합니다. 사악함을 막는
부적 같은 용도로요. 그만큼 이미지가 좋았다고 합니다. 감사합니당~~

•장수찬•

•3할타자 딩요•
그 옛날의 냥이 그림이라니 좋네요. ㅎㅎ 강아지 그림을 많이 그린 화가는 없을까 급
궁금해지네요 ㅎㅎ 다른 동물들도 궁금하고.

강아지 그림 그린 화가 한번 찾아볼게요. 조선시대 개와 관련한 소재는 대부분 음식
뿐이라...ㅜㅜ 고민중입니다. 감사합니다!

•장수찬•

•3xwing•
잘 보았습니다. 저 그림들 종종 봤는데 다 같은 화가의 작품이었군요. ㅎㅎ 참 그림
에서 애묘심이 묻어나더군요.

•Vajra•
작가님 애독자입니다. 근데 고양이 그림 진짜 살아 있는 거 같네여.

정말 그렇죠? 저도 그렇게 생각합니다. 정말정말 감사합니다!

•장수찬•

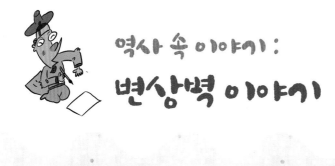
변상벽은 조선 후기 화원이다. 그의 기록은 너무나도 부실해 《밀양 변씨 족보(密陽 卞氏 族譜)》,《조선왕조실록(朝鮮王朝實錄)》 그리고 《승정원일기(承政院日記)》를 통해, 18세기 무렵 활동한 인물이라는 점만 확인할 수 있다. 선조의 이력(履歷, 지금까지 쌓아온 사람의 내력)을 기록한 행장과 묘갈명을 소중히 보관한 사대부 후손들과 달리, 중인 후손들은 이런 기록물을 잘 남겨 두지를 않았다. 그래서인지 김홍도, 신윤복, 변상벽과 같은 중인 출신 화원의 활약상이 베일에 가려져 있다.

변상벽은 고양이를 기가 막히게 잘 그려 '변묘(卞猫, 변고양이)'라고 불렸는데, 그 솜씨가 신출귀몰하여 진짜 고양이와 같았다고 한다. 당대 최고 화가였던 겸재(謙齋) 정선(鄭歉)이 그린 고양이와 비교해 보면, 변상벽이 얼마나 고양이를 잘 그렸는지 알 수 있다.

변상벽의 《묘도(猫圖)》 © 국립중앙박물관 소장

조선 시대에는 그림 가운데 '산수화(山水畵)'를 가장 높이 평가했다. 그래서 변상벽과 같이 '영모도(翎毛圖, 새와 짐승 그림)'를 기막히게 잘 그리더라도 산수화가보다 한 수 아래로 놓았다. 진경산수화를 잘 그렸던 정선이 조선 후기의 대표적인 화가로 자리매김한 이유도 여기에 있다.

기록에 따르면, 변상벽은 심한 말더듬이라 성격이 내성적이었다고 한다. 그래서 주로 집에서만 생활했는데 아마도 그 탓에 고양이를 곁에 두고 그림 작업에 매진하지 않았나 싶다.

말을 터듬는 장애를 극복하고 뛰어난 그림 실력을 보여 준 그는, 도화서 화원으로는 드물게 지방 수령까지 지냈다. 영조 임금의 초상화를 그린 공로로 임금의 대리자인 곡성 현감에 제수되었으니, 한미한 가문의 중인 출신으로 이보다 더 큰 영광은 없었을 것이다. 《조선왕조실록》과 《승정원일기》에 그와 같은 사실을 확인할 수 있다.

임금이 자정전(資政殿)으로 나아가니 왕세손(王世孫)이 시좌(侍坐)하였다. 임금이 시임·원임 대신과 2품 이상에게 명하여 전내(殿內)에 들어와서 어진(御眞)을 보게 하였다.

대개 선조(先朝)의 어용(御容)이 이루어진 것이 계사년이었기 때문에 임금이 계술(繼述, 선조의 뜻을 받듦)하는 뜻에서 화사(畵師) 변상벽(卞相璧)에게 명하여 어용의 초본(草本)을 내서 대신과 제재(諸宰)에게 보이게 하였다.

이에 대신이 지난날의 예(例)대로 도감(都監)을 설치하여 거행하기를 청하니, 임금이 그대로 따랐다. 판부사 김양택(金陽澤)을 도제조로 삼았는데, 이는 대개 그의 아버지 김진규(金鎭圭)가 지난 계사년에 도감 당상이 되었었기 때문이었다.

이날 영정(影幀)의 모사(模寫)가 끝났으므로 임금이 여러 신하들에게 들어와 보라고 명한 것이다. 왕세손이 천세를 부르자 여러 신하들도 일제히 천세를 불렀다. 이에 임금이 웃으면서 말하기를,
"이것은 필시 세손의 짓이리라."

하고, 도감 당상들에게 차등을 두어 상을 내리고 도감 낭청(郎廳)들에게는 가자(加資)하였다.

– 《영조실록》 120권, 영조 49년 1월 22일 임자 1번째 기사 –

1773년 1월 22일 영조 임금이 세손(훗날 정조 임금)과 대신들을 불러 주관(主管) 화사 변상벽이 그린 본인의 초상화를 감상게 하였다. 이때, 세손이 주동이 되어 대신들과 천세를 합창하였는데 이를 들은 임금이 세손이 시킨 짓이 아니냐며, 빙그레 웃는 장면이 인상적이다. 화기애애한 분위기 속에 영조 임금은 변상벽을 돌아보고, 이 사람이 아니었으면 어찌 성공했겠느냐며, 자리가 나면 즉시, 지방 수령에 서용하라는 어명을 내린다.[5]

5 《승정원일기》 1334책(탈초본 74책) 영조 49년 1월 22일 임자 18/19 기사

고양이 그림으로 이름을 알리고, 이로 인해 임금의 어진을 그려 출세했으니 변상벽은 고양이의 덕을 톡톡히 본 것이 틀림없다.

사람에게 인생역전이 있다면, 그 반대의 슬픈 현실도 존재한다. 그 웃픈 사연을 소개해 본다면 '변 고양이'라는 별명은 그를 존중해서 붙인 단어가 아니라는 사실이다. 산수화를 잘 그렸던 최북 역시 '최 산수'라 불렸으니, 이 모두가 기예를 하찮게 여기던 당대 문인 사대부들의 언어 유희적 표현일 뿐이다. 예원(藝苑)의 총수 표암(豹菴) 강세황(姜世晃, 1713~1791)은 그의 아들 강신(姜信)이 꿩(雉)을 잘 그려서 마음이 심란하였다. 꿩을 너무 잘 그리면 변상벽에게 '변묘(변 고양이)'라고 하듯 세상 사람들이 그의 아들을 일러 '강치(姜雉, 강꿩)'라고 부를 것이 뻔했기 때문이다.[6]

그래서 강세황은 아들에게 그림을 너무 잘 그릴 필요가 없다고 잘라 말했다. 그림을 사랑하고 당대의 유명 화가들을 후원한 표암이지만, 집안의 체통을 생각하지 않을 수 없었으니 그 또한 명분론(名分論)에 얽매인 어쩔 수 없는 양반 사대부였던 것이다.

변상벽의 《묘도(猫圖)》 © 개인 소장

✻ 참고문헌
　강세황, 《표암고(豹菴稿)》

6　출처: 강세황, 《표암고(豹菴稿)》 중, '아들 신이가 꿩을 그린 뒤에 제하다(題信兒畵雉後)'

#5 서거정 이야기 • • • • • • • • • • • • • •

패도(覇道)의 군주, 세조 임금 시절
이야기이다.

*패도:힘과 권력을 추구하던
정치 이념.

조선 전기 명신이었던 서거정은
왕명을 받들어 중국으로 사행을
떠나고서는.

*1458년 사은사의 직함을 띠고 명나라 수도인 베이징을 방문하였다.

북경 근교에 위치한 통주관에
머물고 있었는데...

뜻밖에도 외국 손님 하나가 그를 찾아온다.

조선국 사신이 머무는 곳입니다.

안남국 제과 장원랑 양곡이 찾아왔다 전하거라.

그런데, 황제를 배알할 때마다 항상 조선이 베트남보다 높은 반열에 서 있었으니...

S석은 조선, 2등석은 베트남, 왜놈들은 제일 뒤에 서시오!

앗싸!

조선사신

쳇!

부럽당

왜국사신

베트남사신

그는 다름아닌 안남국 봉명 사신 양곡이란 인물이었다.

소생이 조선의 대인을 뵙사옵니다.

방갑소이다. 우흐흐흐

조선의 문학 수준이 궁금하던 양곡이 서거정을 찾아온 것 이었다.

얼마나 잘났길래 우리보다 상석에 앉는고?

속상하다 증말!

조선이란 나라를 나의 글솜씨로 눌러 놓아야겠어!

안남국 장원급제자 양곡

지금의 베트남인 안남국은 조선과 마찬가지로 명나라와 외교관계를 맺으며, 공맹의 유학을 숭상하던 나라였다.

만세 사표이신 문선왕 (공자) 이시여!!

공자님을 모신 성균관 대성전.

첫만남에 묘한 긴장감이 흐르던
그때, 서거정이 근체시 한 수를
지어 양곡에게 주었다.

분명,
나를
시험하러
왔겠다.

지켜보고 있다...

양곡이 거정의 시를 받아보니
글 속에는 난의 향기 피어나고,
옥구슬이 굴러가는 소리가 났다.

글씨는
조맹부의 필체요,
내용은
당나라 시풍이라!

what
the hell
쩐다 쩔어!

서거정 (당시 38세)
본관:대구
자 (字):강중
호 (號):사가정

양곡은 긴장했지만, 베트남의
수재답게 거정의 시에 응수하여
화답시를 지어냈다.

...

으앙!
떨려

대인이시여!
한번 봐주시옵소서

요놈 잘 걸렸다.
내 필살기를 보여줘야지!

거정은 시를 받자마자, 양곡의
콧대를 꺽기위해 연작시 10편을
빠른 속도로 뿜어내니...

파바박!!

에궁!
쩐당

마! 내처럼
할 수 있나?

양곡은 서거정에게 무릎을
꿇으며, 그를 보고 천하의 기재
라며 추켜세웠다고 한다.

다시는
조선을 무시하지
마라!

센세!
제가 졌습니다.

양곡은 몰랐을 것이다.
서거정이 어떤 인물이었는지를

내가 시 배틀의
고수닷!

17살에 진사, 생원시 양과에 모두 합격하고, 23살엔 석차 3등으로 문과급제한 수재였다는 사실 말이다.

누구보다 빠르게! 남들과는 다르게!

파바박!

특히, 각촉부시를 잘했죠!

*각촉부시 (刻燭賦詩) : 초에 금을 그어놓고, 촛불이 금에 닿기 전에 글을 지은 사람이 이기는 게임.

금이 그어져 있음.

불행하게도 양곡은 임자를 제대로 만났던 것이다.

조선은 이름높은 문명국이고 공은 기이한 재주를 지닌 인물입니다.

엣헴

카! 저희보다 앞선 나라 인정합니다!

서거정의 실력을 알고 있던 명나라 문신 기순이란 인물 역시...

안타깝군요! 강중 (剛中) 이여...

이분도 서거정과 시 (詩) 배틀에서 패하신 분!!

*강중 : 서거정의 자 (字)

동쪽 작은 나라에서 출생한 서거정을 애석해 했다고 한다.

중국 문인들을 박살내고 있는 서거정!

꽥! 꽥-

파바박

꽥!

크! 중국에서 태어났다면, 천하를 휩쓸고 다녔을텐데! (실제로 한 말)

기순

잘한다 잘해!

이렇게, 글을 잘했던 서거정은 고양이도 좋아했는데...

근무중 이상무!

이름이 '오원자'라는 코숏 한마리를 키웠다고 한다.

쥐는 많이 잡았느냐?

아... 많이 잡겠습당!

오원자 (10살)

하루는 거정이 병아리를 얻어
이를 병풍 옆에 두고 키웠는데,

그때, 다리사이로 쥐 두마리가
쏜살같이 지나가고 있는 것이
아닌가?

웬걸? 오원자가 병아리를 노리고
있는 것이 아닌가?

오원자는 쥐를 향해 달려
들어, 두 마리를 금세 사냥
하고서. . .

득의양양하게, 서거정 앞에 쥐를
놓아두고 제자리로 돌아 가는 것
이었다.

서거정은 냅다 고양이를 쫓기
위해 지팡이를 거머쥐고 있었
는데. . .

서거정은 갑자기 마음이
미어졌다.

서거정 본인도 임금님의 오해로
파직 당하고, 칩거 중이었기
때문이다.

성종 임금

동병상련의 정을 느낀
서거정은. . .

〈고양이의 노래〉라는 글을 지어,
마음의 빚을 갚기로 했던 것이다.

내가 가진 건 글재주뿐이니,
너를 위해 할 수 있는 것은
이것 밖에 없구낭...

냥 냥

〈고양이의 노래〉라는 글을 지어,
마음의 빚을 갚기로 했던 것이다.

내가 가진 건 글재주뿐이니,
너를 위해 할 수 있는 것은
이것 밖에 없구낭...

냥 냥

너는 정직함 때문에
해를 당할 뻔했고,
나는 의혹으로
너를 버릴 뻔 했구나!
내가 병아리만 애지중지하고,
너에겐 사랑을 주지 못하였구나!

〈고양이의 노래 中〉

미안하다!

그렇게 고양이와 화해한
서거정은...

냥냥ㅡ

쿠쿠
재밌당

이것 역시
고양이의 덕이 아니었을까?

몇달 뒤에 복직이 되어
다시 벼슬길에 나갔다 하니,

어명이요!
달성군 서거정을
오위 도총관에
제수하노라~

띠용!

냥이에게
잘 보이면
복이 온다더니...

* 서거정은 1477년 4월에 파직되었고,
오원자부 (고양이의 노래) 를 지은 직후인
그 해 7월 복직되었다.

서거정 편 끝ㅡ

#때껄룩 추!
#문학적 지식과 올바른 집사의 집합체, 서거
  정 대감님
#캣대디 추!

• 익명독자 •

서거정은 대구서씨입니까? 달성서씨입니까?

• 장수찬 •

원래 '대구서씨'도 '달성서씨'였는데, '달성서씨' 경파(서울파)들이 18세기쯤에 경화세족으로 번성하자, '대구 서씨'라는 본관을 만들고, 따로 족보를 편찬했다고 합니다. 지금의 '대구서씨'들은 경상도와는 관련 없는, 서울을 근거지로 하는 서씨 일가들이라고 보면 됩니다. 서거정도 조선 중기 이전에 편찬된 서적에는 달성서씨로 본관이 나오지만, 대구서씨들이 족보를 만들고 떨어져 나간 후기에 들어서는 대구서씨로 나옵니다. 서울에서 태어나, 서울에서 자라고 서울 인근에 묻힌 서울 사람이라 대구서씨 계열로 보는 거 같습니다. 그렇지만, 같은 뿌리에서 나온 서씨이므로 달성과 대구의 구분은 그리 중요하지 않다고 생각됩니다.

• 익명독자 •

사가정역이 서거정의 호를 딴 것인가요?

• 장수찬 •

사가정역이 서거정 선생의 호에서 딴 게 맞습니다. 그분 별장(사가정)이 면목동 근처에 있었다고 하네요. 참고로 사가정은 본래 파주 근처에 있는 정자였는데, 서거정 선생이 그곳을 방문하고 정자 이름이 자신의 이름과 비슷한 걸 신기하게 여겨져 본인의 호로 삼고 면목동 근처에 동일한 이름의 정자를 지어 별장으로 삼았다고 전해집니다. 그 옆 사가정 공원도 있고 '사가정로'라는 도로명도 있다고 합니다.

정말 감사합니다!

역사 속 이야기 :
서거정 이야기

영국에 셰익스피어라는 대문호가 있다면, 조선에는 서거정(徐居正, 1420~1488)이란 대문장가가 있었다.

그는 조선 전기 개국공신이자, 성리학자인 양촌 권근(權近, 1352~1409)의 외손자였다. 권근은 조선 사신으로 명나라 태조인 주원장을 알현하면서 《응제시(應製詩)》(왕의 명에 따라 지어 올린 시로, 주로 왕이 일정한 제목이나 주제를 제시하기도 하고, 아무런 지시 없이 일임하기도 한다.)를 받쳤는데, 여기엔 단군신화와 삼한의 역사 등이 언급되어 있어 우리나라 고유 역사를 중국에 알리는 데 큰 역할을 했다고 한다.

서거정 역시, 이런 외할아버지의 영향인지 몰라도 《동문선》,《동국통감》,《동국여지승람》과 같이 민족적 주체성을 내세운 서적들을 대거 편찬하였다.

사대 외교를 전담한 서거정은 1458년 사은사의 직함을 띠고, 중국 북경을 방문하였다. 이 곳에서 안남국(지금의 베트남) 사신인 양곡(梁鵠)을 만나는데, 양곡은 제과(과거시험의 일종) 장원 출신으로 문학이 걸출했던 사람이었다. 서거정은 양곡과 함께 시를 주고받으며 수창하였다. 조선왕조실록에 이 일화가 그대로 실려 있다.

(서거정은) 경진년에 이조 참의(吏曹參議)로 옮기고 사은사(謝恩使)로 부경(赴京)하여 통주관 (通州館)에서 안남국 (安南國) 사신 양곡(梁鵠)을 만났는데, 그는 제과 장원(制科壯元) 출신이었다. 서거정이 근체시(近體詩) 한 율(律)로 먼저 지어주자 양곡이 화답하였는데, 서거정이 곧 연달아 10편(篇)을 지어 수응(酬應)하므로, 양곡이 탄복하기를, "참으로 천하의 기재(奇才)다."라고 하였다.

－《조선왕조실록 성종》 19년 무신(1488) 12월 24일 (계축) －

그의 문학적 재능은 베트남 사신뿐만 아니라, 중국의 여러 문사들에게도 존중을 받았다. 특히, 1476년(성종 7년) 봄에 명나라 호부(戶部) 낭중(郎中) 기순(祈順)과 행인(行人) 장근(張瑾)이 사신으로 왔을 때 그가 원접사가 되어 이들을 수행하였다.

그들과 더불어 시문(詩文)을 수창(酬唱)할 적마다 두 사신이 번번이 감탄하면서, "참으로 뛰어난 재주입니다. 우리 같은 사람은 밤새도록 구상하여도 겨우 한두 구절을 쓸까 말까 하는데, 공은 짧은 시간 동안에 붓을 들어 쓰기만 하면 모두 주옥같은 글을 완성합니다. 하물며 필법(筆法)은 조맹부(趙孟頫)의 솜씨를 닮았으니 중국에서 태어났다면, 공 같은 분은 천하를 휘젓고 다닐 만합니다."라고 칭찬을 마지않았다.[7]

서거정의 친필 글씨 ⓒ 경기도 박물관 소장

Note

서거정이 명나라 사신 기순과 장근을 정성껏 수행했던 사역원 통사 장유화를 격려하기 위해 써 준 글이다. 조선 전기의 행서체 형식을 알 수 있어, 아주 귀한 자료이다. 보물 제1622호. 필사본, 첩장, 1첩, 38.2×17.6cm

(전략)...어디를 가든지 불가함이 없을 것이니, 우리 장군(장유화)이 능히 시행하는 재주가 어찌 여기에 그치겠는가? 타일(他日)에 왕명을 받든 사절(使節)을 지니거나, 사방의 외교업무를 오롯이 전담하는 것에 있어서도 반드시 넉넉한 여유가 있을 것이다. 장군은 이에 힘쓸지어다![8]

한편, 서거정과 떼려야 뗄 수 없는 일화가 있으니, 그것은 바로 고양이 일화이다. 서거정은 오원자부(烏圓子賦, 고양이의 노래)라는 글을 지었는데, 여기엔 사연이 있다.

<hr>

7 조선왕조실록 사전(http://encysillok.aks.ac.kr/Contents/index?Contents_id=10000207)
8 無適不可. 以我張君之才之能. 其所施設. 豈但止於是而已哉. 他日奉王命. 仗使節. 專對四方者. 必綽乎有裕矣. 張君勉之哉.

1477년 사역원 역관이었던 조숭손이 중국에 갈 때, 금지 품목을 몰래 가져간 것이 성종 임금에게 적발이 되었다. 이때, 우찬성 서거정, 형조참의 한언, 전성군 이서장 등이 중국 물건을 사기 위해 조숭손에게 베와 잡물을 주었던 것이 문제가 되어 덩달아 함께 파직이 되었던 것이다. 서거정은 조숭손 사건에 억울하게 연루되어 명예가 실추되었으니, 이를 두고 상당한 스트레스를 받았던 것으로 보인다. 집에서 두문불출하며 지내던 어느 날, 서거정이 병아리를 잡아먹으려던 고양이를 보고 혼을 내려고 했다. 생각과 달리, 고양이가 쥐를 잡은것임을 알고서는 자신의 오판을 후회하며 지은 글이 바로 〈고양이의 노래〉라고 한다.

그런데, 이 〈고양이의 노래〉는 서거정이 고양이를 오해했던 것처럼 자신이 파직된 것은 임금의 잘못이라는 것을 에둘러 표현한 우언(寓言) 형식의 글이었고, 신기하게도 〈고양이의 노래〉를 짓고 나서 얼마 지나지 않아 서거정은 임금의 오해가 풀려 다시 벼슬길에 나갈 수 있었다고 하니 이것이야말로 고양이의 영험함이 하늘과 통한 뜻은 아니었을까.

아래에 고양이의 노래 전문을 실으니 명문으로 이름 높았던 서거정의 문장과 숨은 뜻을 함께 읽어보자.

오원자부(烏圓子賦, 고양이의 노래)

해는 정유년(1477년)이요, 하짓날(음력 5월) 저녁에 비바람이 몰아쳐서 밤은 칠흑 같은데, 사가자는 가슴이 결려서 자리에 편히 눕지 못하고 벽에 기대어 졸고 있다가, 갑자기 병장 사이에서 마찰하는 소리가 언뜻 들리다 말다 하누나.

내 집엔 병아리를 깨어서, 닭장이 와상 곁에 있었는지라 동자를 불러 닭장을 잘 가려서 고양이를 방비케 하려 했지만, 동자는 코를 콜콜 골면서 깊은 잠에 빠져 있었네.

나는 늙은 고양이가 사람 자는 틈을 타서, 약한 병아리를 삽아먹으려 하는 줄 알고 갑자기 지팡이를 휘두르며 성난 어조로, 고양이를 기름은 쥐를 제거하자는 게고, 가축을 해치라는 뜻이 아니거늘, 지금 도리어 그리하지 않아서 네 직책을 수행하지 못한다면, 대번에 쳐서 가루를 내고 말리라! 내가 고양이를 어찌 아끼랴 하였네.

이윽고 두 마리 짐승이 내 정강이를 스쳐 번쩍 지나가는데, 앞엣 놈은 조그맣고 뒤엣 놈은 커다라서, 고양이가 쥐를 덮친 듯한 형상이기에 동자를 깨워 불을 켜고 보니, 쥐를 벌써 모조리 도륙하고 고양이는 제 집에서 편히 쉬고 있기에, 그제야 사가자는 깜짝 놀라 이렇게 말하노라.

고양이가 쥐를 덮쳐 잡아서 제 직책을 잘 수행하거늘, 내가 스스로 밝지 못하여, 혼자 속으로 억측한 끝에 고양이에게 의심을 품어서, 불측한 일을 저지를 뻔했구나!

아 참으로 가상하기도 해라. 쥐의 소굴을 모조리 소탕하여, 종자를 남기지 못하게 하였네. 어이해 한 생각을 신중히 하지 못하여 어지러이 이런 의혹을 가졌단 말인가! 너는 정직함 때문에 해를 당할 뻔했고 나는 의혹으로 너를 잘못 죽일 뻔했구나. 내가 병아리에겐 인(仁, 사랑)했으나 네겐 인(仁)하지 못해 쥐의 원수를 갚아 주는 게 어찌 도리이랴!

아! 천하에 사리(사람의 사고)가 하도 무궁하여, 사람의 대처하는 도리도 오만 가지로 다른 까닭에 의심 안 할 걸 의심하기도 하고, 의심할 걸 의심 않기도 하지만 의심하고 안 하는 차이는 천리 멀리 동떨어지나니, 사리로 안 헤아리고 사심(사사로운 마음)으로 헤아리거나, 실체를 포착 못 하고 유사한 걸 포착했다간, 천하 사리가 모두 닭과 쥐의 관계 같아서 반드시 오원자를 의심하게 되고 말리라!

동자를 불러 이대로 기록해서 인하여 스스로 맹세하노라.[9]

✳ 참고문헌

조선왕조실록 사전(http://encysillok.aks.ac.kr/Contents/index?Contents_id=10000207)
서거정 저, 임정기 역, 《사가시집 1》, 한국고전번역원, 2004

9 《사가시집 1권》(임정기 역, 한국고전번역원, 2004)

Part 2

조선 시대 여성의 삶을 들여다보다

#1 효종 임금 이야기 ··············

조선 17대 왕 효종 임금은 북벌의
꿈을 키울만큼 남자답고 박력있던
군주였는데...

오랑캐놈들
다 죽었쓰!

언월도를 휘두르며 무예를
닦는 '효종'

아들 하나에, 딸만 일곱을 낳은
딸부자집 아빠였다고 한다.

인선왕후

숙안 숙명 숙휘 숙정 숙경

아바아마
까르륵- 까르륵-

어휴- 내강아지들

그래서, 시집간 딸들을 자주
궁궐에 불러들이기도 했다.

오늘은 딸내미들
모이는 날 맞제?

헤헤

?

74

하루는 효종이 딸들 소식이 궁금해 삼공주 (숙안, 숙명, 숙휘)에게 편지를 띄웠는데...

사위 것들이랑 사랑놀음 하덜 말고 아빠 보러 오렴~

쓱쓱 쓱 쌱

돌아온 편지의 내용이 모두 하나 같이 판에 박은듯 똑같아서...

숙안이 답장?

이것들이

아바마마! 소녀 무탈하오니 걱정하지 마소서.

아바마마! 소녀 무탈하오니 걱정하지 마소서.

아바마마! 소녀 무탈하오니 걱정하지 마소서.

숙안

숙명

숙휘

아빠 효종이 삐치기도 했다고 한다.

이리 답장할 것이면 하지 말거라.

아비 삐쳤다! 이것들아...

그런 효종 임금에게도 아픈 손가락이 하나 있었는데, 다름아닌 막내인 숙녕옹주였다.

아바마마 옥체강령 하더오니까?

오냐 오냐 불쌍한 것!

↑ 숙녕옹주

효종 임금은 왕후와의 금실이 좋아 대군 시절, 거두었던 첩실 사이에 딸 하나만 있었고...

그래... 숙녕이 너는 바느질은 손에 익었느냐?

후궁 첩지도 받지 못한 효종 임금의 첩, 이씨

*숙녕옹주의 생모인 안빈이씨는 효종 사후, 현종 임금이 품계를 주어 비로소 선왕의 후궁으로 인정되었다.
왕실 족보인 선원계보에 기록된 효종 임금의 유일한 후궁이다.

첩 소생이던 숙녕옹주는 아무래도 공주들에 비해, 예우가 떨어질 수 밖에 없었다.

공주마마 문안여쭈옵니다.

오냐!

그래서 부왕인 효종 임금은 그런
숙녕이를 챙겨주려고, 상당히 노력했다.

아비의 정을 막내딸에게 표현
할 수 없어 아쉬워 했다고
한다.

한번은 청나라에서 백금과 무늬 있는
비단을 조선에 보냈고 왕은 이걸 막내
숙녕에게 주고 싶어했는데...

막내를 향한 사랑을 보여 주고
싶어도 정실 부인인 인선왕후 눈이
있어서 많이 어려웠겠지만...

조정의 신하들이 외국에서 보낸 공물을
국왕 마음대로 처리할 수 없다고 박박
우기는 바람에...

다행히 효종의 마음을 누구보다 헤아
리고 있던 왕후가 숙녕을 따로 불러,
많이 챙겨 주었다고 한다.

어느 해인가 임금이 딸들을 궁으로 불렀는데 숙명이 시집 행사 때문에 부득이하게 참석하지 못했다.

숙명이 안오면 가족모임이 무슨 의미?

아버지 저 못가욧 —

그래서 숙명공주가 아빠에게 죄송하다고 편지를 보냈지만 오히려 효종은 숙명에게 네 잘못이 아니라, 사위놈이 잘못한 거니 그녀석을 달달 볶으라고 답장을 보냈다고 한다.

쓱 쓱

니 서방 심철동이 보고 바가지 긁거라!

* 심철 : 숙명 공주의 남편인 심익현의 아명(어릴적 이름)

또, 한번은 넷째 공주 숙정이 시어머니가 밭일을 하는 도중, 마루에서 그저 쿨쿨 낮잠을 자고 있었는데...

살살부쳐 보거라.

밭일 하는 시어미.

남편인 동평위 정재륜이 그걸 보고 공주에게 욕을 했다고 한다.

$*%@ #&..

띠용!

화가 난 숙정은 쪼르르 아버지에게 달려가, 남편을 귀양 보내달라고 떼를 썼다.

저 인간 귀양 보내주셈! 아바마마

음...

효종은 딸바보라 부마도위를 괘씸히 여겨 귀양 보내려고, 정재륜을 불렀다.

왕실을 능멸하다니!

동평위을 잡아 와랏

동평위 정재륜이 짚신 두켤레를
가지고 와 말하길...

'女必從夫'
여필종부
라 했으니,
공주도 데려가겠
사와요

딸고생시키기 싫었던 효종은 어쩔 수
없이 부마를 용서했다고 한다.

공주 불러서
집으로 돌아가거라

에잉!

ㅎㅎ

* 여필종부 : 부인은 반드시 남편의 뜻을
따라가야 한다는 뜻.

이런 효종 임금의 철부지 가족들을
보면서, 슬며시 웃음이 나는 건
과연 무슨 이유에서 일까?

신한첩

ㅋㅋ

이거 넘모 제미 있는거
아니냐?

*신한첩 : 효종.현종 연간 왕실사람들의 서간문을
모아놓은 첩.

그건 아마도 오늘날 우리네 모습과
다를게 없어서 그런 건 아닐까?

사람 사는 거
다 똑같지 않쑤?

아빠

이렇게 왕실 가족 편지가 오늘날까지
전해 내려와 우리에게 많은 이야기를
해줄 수 있다는 게 참 다행이란 생각
이 든다.

宸翰帖
신한첩

효종 임금편 끝—

#76세_홀아비_정재륜_잼 #시어미_일_시키
던_조선_공주님 #북벌_안_하고_딸래미들
과_꿀_빤_효종_임금님 #아빠_보고_싶어

·뽀용뽀용· 여필종부 센스 ㅋㅋ 재밌게 잘 봤습니다. ㅋㅋ

감사합니다!! ·장수찬·

 ·팔삼2 ㅋㅋ진짜 사는 게 비슷하네요. 그림은 어디서 배우신 거예요?

정말 저도 깜짝 놀랐어요. 왕실 가족 모습이 여타 현대인들과 다를 바가 없더라고요.
만화는 배운 적은 없고 취미로 그냥 그리는 거예여!! ·장수찬·

 ·싱윤RanomA 탱율팁· 숙안과 숙명은 아빠, 오빠 뒷배 믿고 백성들에게 횡포가 심했다고 하더군요.
오냐오냐 하는 아빠 때문이었겠죠.

네 맞습니다! 실록에도 그녀들의 횡포가 실려있죵. ·장수찬·

 ·귀차니스트· 옛날 왕이래도 딸내미 이뻐하고 딸들이 성의 없으면 섭섭해 하고 사위보다 딸 편드
는 게, 진짜 우리네 아빠 모습 그대로네요. ㅋㅋㅋ 예나 지금이나 왕이나 평민이나 인
지상정이란.... ㅎㅎㅎ 추천합니다.

저런 인간적인 모습을 보여주는 역사적 사료가 많이 발견되었으면 좋겠어요~ ·장수찬·

 ·너가좋아· 연재분 모아서 책으로 내셔도 좋을 거 같아요~ 요즘 국사를 좋아하는 학생들이 드
문 편인데 호기심을 갖게 하는 좋은 매개체가 될듯 싶네요.

예! 열심히 그래서 기회가 되면 한번 시도해 보겠습니다!! 감사해용... ·장수찬·

장
수
찬
의
역
사
른
.....

79

역사 속 이야기 :
효종 임금 이야기

딸 사랑이 남달랐던 효종 임금

조선왕조 17대 왕 효종(孝宗, 1619~1659) 임금은 가족 사랑이 남달랐다고 한다. 봉림대군 시절, 효종 부부는 청나라에 인질로 잡혀가 심양(瀋陽, 중국 만주에 있는 가장 큰 도시)에서 동고동락하였다. 그래서 효종과 인선왕후 장씨의 관계는 여느 부부보다 다정했다고 한다. 청나라 체류 기간에 장녀인 숙신 공주를 잃고, 부부가 얼싸안으며 통곡했다는 일화가 있을 정도다. 효종 임금은 정실인 인선왕후 장씨 사이에선 1남 6녀, 소실인 안빈 이씨 사이에선 1녀를 두었는데, 대군 시절에 들였던 소실을 제외하곤 정식 후궁조차 없을 정도로 가정 생활에도 충실했다.

숙명, 숙휘 공주의 언찰(諺札)을 모은 《신한첩》은 효종 임금의 애틋한 가족 사랑이 생생히 담겨 있어, 당시 왕실의 모습을 복원하는 데 중요한 사료가 되고 있다.

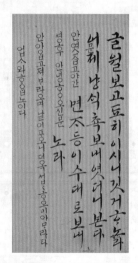

《숙명신한첩》 中 ⓒ 국립청주박물관 소장

(편지 왼쪽) 숙명: "문안 여쭙고, 밤사이 아바마마께서는 안녕하신지 알기를 바라오며, 뵙지 못한 채 날이 거듭 지나니 더욱 섭섭함이 무어라 할 말이 없사옵니다."

(편지 오른쪽) 효종: "편지를 보고, 네가 잘 있으니 기뻐한다. 어제 두 색촉(色燭, 물들인 초)을 보내었는데 받아보았느냐. 초꽂이 등을 이 초의 수만큼 보낸다."

딸바보였던 효종은 공주들이 시집을 가자 언문(諺文)으로 자주 소통했는데, 아래와 같은 내용도 보여 눈길을 끈다.

"네 형(첫째인 숙안 공주)과 숙휘 공주는 궁에 놀러 와 노리개를 다 가져갔는데, 네 것은 없구나."[10]

효종 임금이 둘째 딸 숙명 공주에게 쓴 것으로, 숙명이 궁에 들어오지 않아 패물을 챙기지 못한 일을 애처롭게 여긴 아버지의 모습이 잘 나타나 있다. 그런데, 다정다감한 아버지와 달리 공주들은 무뚝뚝한 딸들이었나 보다. 《숙명신한첩》에는 효종 임금이 시집간 세 공주(숙안 공주, 숙명 공주, 숙휘 공주)에게 서운한 감정을 토로하고, 딸들을 나무라는 내용도 있다. 세 공주 모두가 늘 쓰던 같은 내용으로 효종 임금에게 편지를 보내자 "편지를 이렇게 쓸 것이면 다음에는 받지 않겠다."[11]라며, 섭섭한 마음을 담은 답장을 보낸 것이다. 수백 년 전 왕실 가족의 모습이 오늘날의 우리네 삶과 다를 바가 없어서 웃음 짓게 한다.

한편, 효종 임금은 서녀(庶女)이자 막내딸인 숙녕 옹주를 아껴, 그녀에게 선물을 주고자 했으나 신하들의 반대에 부딪혀 좌절한 일화도 실록에 실려 있다.

청나라에서 백금과 채단(綵緞)을 보냈는데, 상이 숙녕 옹주(淑寧翁主)에게 하사하라고 분부하였다.
정원이 진계하기를,
"청나라에서 보낸 물품을 옹주에게 하사하신 것은 온당치 않다고 생각합니다." 하니, 호조에 분부하여 경비에 보태 쓰게 하였다.
– 《효종실록》 21권, 효종 10년 2월 28일 기축 3번째 기사 –

첩실(안빈 이씨)이 낳은 유일한 서녀(庶女)라 차별 대우를 받을 수밖에 없었던 숙녕 옹주를 챙기려다 뜻을 이루지 못한 효종의 일화를 통해 조선 시대 미약한 왕권을 엿볼 수 있다. 조선 시대 왕은 비단 한 필조차 사적으로 남용하지 못한 것이 현실이었다.

---

10 '숙명공주' 편 〈사진2〉 참조
11 이 일화는 《숙휘신한첩》에 나오는 내용으로 공개가 되지 않아 전문을 싣지 못했다.

평생을 홀아비로 산 동평위

숙정 공주의 남편 동평위 정재륜(鄭載崙)은 왕가의 사위로 《공사문견록(公私聞見錄)》이란 왕실의 비사를 남길 만큼 문장을 잘 지었다고 한다. 여러 야사에는 정재륜의 일화가 실려 있는데, 내용은 이렇다.

아홉 살 어린 나이에, 세 살 연상인 숙정 공주와 혼인을 하여 동평위에 봉해진 정재륜은 선비로서의 아름다움을 보이며 글공부에 전념하였다.

어느 여름날 정재륜의 모친이 텃밭에서 김을 매고 있는데, 공주는 계집종을 시켜 부채질만 하고서는 그저 낮잠만 즐기고 있었다. 이 광경을 우연히 목격한 정재륜은 화가 나서 공주를 보고 욕설을 했다.

공주는 분한 마음을 안고 부왕인 효종에게 달려가 남편을 귀양 보내 달라고 울며 청했는데, 효종은 공주의 말만 듣고선 동평위 정재륜을 잡아들이라 하였다.

귀양의 명을 받든 동평위는 짚신 두 켤레만을 메고 임금에게 하직 인사를 했다. 임금이 짚신 한 켤레면 족하지 짚신 두 켤레는 웬 것이냐 묻자, 옛말에 '여필종부(女必從夫)'라 하였으니 공주와 함께 귀양을 떠나는 것이 당연한 도리가 아니겠느냐'라며 답했다고 한다. 이 말을 들은 효종은 크게 한숨을 쉬며, 그를 용서해 주었다.

공주는 1남 1녀를 낳고선 23세에 죽었지만, 동평위 정재륜은 왕실의 법도에 따라 재혼하지 못한 채 일흔여섯 살까지 홀아비로 살았다고 한다. 운우지정(雲雨之情)을 포기하고 평생을 왕가(王家)에 봉사해야만 했던 동평위를 생각해 보면, 안쓰러운 마음이 드는 것은 어쩔 수 없다.[12]

다음 언간은 효종 임금이 숙명 공주에게 보낸 편지글이다. 남편 심익현을 보채어 함께 싸우라는 다소 코믹한 내용이 재미를 준다.

---

12 부마는 과거에 급제하여 벼슬이나 관직에 나갈 수 없고, 공주가 죽어도 후처를 두지 못하는 것이 당시 관습법이었으며, 숙종 임금 대에 이르러 이런 관습이 법제화가 되었다.

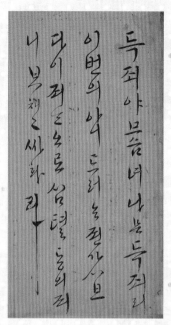

《숙명신한첩》中 © 국립청주박물관 소장

"죄지은 것이야 무슨 다른 죄를 지었겠느냐. (숙명이 네가) 이번에 아니 들어온 죄인 듯싶다. 이렇게
들어오지 못한 죄를 지은 것은 전부 네 남편인 심철동(심익현의 아명) 때문에 생긴 것이니,
그를 들볶고 싸우거라." – 효종 임금

※ 참고문헌
《숙명신한첩》, 국립 청주박물관 소장
《조선왕조실록》 홈페이지(http://sillok.history.go.kr/)
조선시대 한글편지, 한국학중앙연구원 한극학자료센터 홈페이지(//archive.aks.ac.kr/letter/letterlist.aspx)

조선시대는 남존여비의 시절이요, 수동적인
여성상이 선호되던 때였지만...

앳햄 !

눈썹을 낮추고 공경심을
담아 서방님께 물 한잔을
갖다 드리옵니다.

이런 고정관념을 과감히 깨뜨린
여성이 있었다.

호연재 김씨
(1681-1722)

호연재 김씨라는 분이었는데, 자존감은
하늘을 찌르고 학문의 폭과 깊이는 어느
남성들보다 웅대했다고 한다.

태초에 남녀간의 구별이
어디 있으며,
아녀자라고 하여 어찌
성인의 학문을 모르리요?

명문가인 안동 김씨 집안 구남매중 막내로
태어난 그녀를 부친 김성달이 남녀차별
없이 무릎에 앉혀놓고선 시문을 가르쳤다.

예! 아버지
너무 재미있는 거 같아요.

김성달은 부인인 연안 이씨와 서로 술을
즐기며, 내기 바둑을 두며, 시문을 주고
받을 정도로 파격적인 인물이었다.

아빠, 엄마 너무
행복한 일상이에요.

이런 집안분위기 속에서 자란 호연재는
스무살 차이가 나는 큰오빠를 비롯해,
여러 형제들을 가르칠 정도로 당찼다고
한다.

큰형님께서 기방 출입
하신다는 이야기가
들리는데, 고결한 선비의
행동이 아니지 않습니까?

막내누이의 일침이 정수리를
찌르는 듯하구나.

*조선시대엔 오라버니도 형이라고 불렀다.

열아홉살 되던때, 호연재는 은진송씨
집안 송요화에게 시집을 가게 되는데...

높은 벼슬아치의
배필은 못 되더라도
군자의 좋은 짝은
되고 싶어요!

운명의 장난이었는지 송요화는 허난설헌
남편 김성립 못지않은 장안유협 경박자
였다.

안녕하셨세여?
마누라 덕분에
영원히 고통받고
있는 김성립올시다!

그래도, 임진왜란 당시
의병을 일으키고, 왜군과 싸우다
전사한 전쟁영웅.

허구헌날, 밖으로만 나돌아다니며
가장으로서 무책임한 사람이었다.

나으리는 여자
후리시기는 조선
최고 이십니다.

그렁가?
으헤헤~

주탕기생들

*주탕기생: 조선시대 유흥을 도맡던 기생을 말함.

장수찬의 역사툰
......
85

친정부모와 같은 행복한 가정생활을
꿈꿨던 호연재에겐 그야말로, 자존심
에 금이 가는 나날이었다.

군자의 좋은 짝이
되길 원했건만.

이뚝진 세상
얼씨국 줄국나
낄낄

맹자의 '호연지기'를 본인만의 당호로
삼을만큼 당찬 그녀였기에 그런 현실을
당당하게 맞서 나갔다.

성인께서
담대한 기상을
키우라고 하셨지!

*호연지기: <맹자> 공손추 편에 나오는
구절로, 천지간에 가득하고 넓은 기운.

남편을 대신해 가장이 되어, 집안 살림을
책임지며, 며느리로서 할일은 다 했다고
한다.

들어오는 돈은 없구
나가는 돈만 있고나...

서방님께서
기집질만 하시니!

그러던중, 남편인 송요화가 딴살림을
차리게 되었다.

초선아!
내가 니서방
하련다.

서방님
집도 사주시고
밭도 사주시와요.

호연재는 이런 송요화를 보며 그나마
남아있던 일말의 희망마저 끊고서는
당당히 홀로서기를 시도했다.

부부의 은혜가
무겁다고 하나,
그대가 나를 저버렸으니
나 또한 구차하게
매달리지는 않을 것이다!

나도 할말 많소
와이프는 넘나
성격이 강해요!

송요화(1682~1764)

남편이 행실을 닦고 덕을 쌓는다면 여자 평생의 즐거움에
이보다 더큰 기쁨이 있겠는가?
불행히도 그대가 여색을 좋아하여 나가놀면 반드시
기녀의 집에 살고, 집안에 있더라도 주색을 끊지 않아
결국, 황망한 지경에 이르렀도다.
김호연재- 자경편 中

남편과의 인연을 끊었기에 시집의 냉대가
이어졌지만, 이것 역시 호연한 기상으로
당당하게 극복했다.

사내 대장부가
바깥일 하다보면
첩을 들일 수도
있는거지!

앳헴—

시댁어르신들

내 본디 명문가에서 태어났으니
어찌 녹록하게 저 금수(짐승)의
무리와 길고 짧음을 다투겠는가.
- 김호연재

그러던중, 뜻밖에 그녀에게 우군이
되어주는 사람들이 등장한다.

호연재의
글을 읽는
시조카들

우리 숙모님의 학문이
태산보다 높고,
은하수를 덮을 정도인걸?

다름 아닌 그녀의 은진송씨 시댁 조카들
이었다.

호호

여군자이신걸
이제야
알았습니다
가르침을
내려주소서.

아녀자에게 배울게
뭐 있겠소?

그중 송명흠은 호연재를 이렇게 평
했다고 한다.

발그래—
숙모님 넘모 좋아

제 나이 열세살.
그때 숙모님을 알게
되었사와요.
유쾌한 담소와 수려한 용모.
마음속으로 감탄하며 일찍이
없는 일로 여겼습니다!
경서와 사서를 탐구하고,
강론하며 비점을 찍어
평론하시니,
우리 형제들은 님을
우러러 보았습니다.

*송명흠: 호는 역천. 영조 임금 재위시 산림 학자로,
사도세자의 스승이 되었다. 세자를 보호하기 위해
많은 노력을 쏟았다고 한다.

호연재는 그들의 스승이 되어 학문을
전수하고, 시를 가르쳤다고 한다.

숙부와
완전 딴판이야.

정말 이쁘시고
공부도 뛰어나시고
넘나 멋지신 분!

자신을 인정해 주는 사람들이 나타
나자 다시 그녀의 시가 활달해지고,
또 웅장해지게 되었다.

취한 뒤의 세상은 드넓고,
마음을 열매, 만사는 태평하도다
고요히 돗자리 깔고 누웠으니
잠시 세상사 잊고 즐길뿐이리
김호연재 作

콸콸—

역시 외로움엔 酒(술:주)
한잔 꺽어야 제맛—

한번은 호연재가 집안에 쌀이 없어, 사또로 있던 시아주버니에게 양식을 빌려 달라며 시 한수를 보내었다.

호연재 위의 호연한 기상.
구름과 물과 사립문 밖의
호연함을 즐기오.

호연함이 즐겁긴 하나,
이것 역시 곡식에서 나오는 것이니,
시아주버님께 쌀을 빌리는 것도
호연한 일이오.

그런데, 송요화가 그곳에 머물고 있었다. 당연히, 이는 호연재가 송요화의 무능을 시아주버니 통해 질타한 것이다.

천재는 박명이라 했는가. 김호연재도 겨우 마흔두살 나이로 세상을 떠난다.

송요화는 호연재의 3년상이 끝나기도 전에 재빨리 열여덟살이나 어린 밀양 박씨와 재혼해 버렸다.

명문가 후손에다가 성격이 강했던 호연재에게 질려서, 송요화는 가난한 선비집안 그리고 자신에게 순종할 수 있는 여자를 고른 것이다.

호연재와 송요화의 연이 정말 악연 이었던게, 호연재가 세상을 뜬 지 얼마 지나지 않아 송요화는 음서 로 벼슬길에 오르고, 2품의 반열에 까지 이르렀다.

남존여비의 세상에서 여성으로서
자존감을 잃지 않고 자신을 지켜온
호연재. 그녀의 저작들은 그녀의 딸
과 집안 며느리의 처절한 노력으로
대대로 물려가며 보존되었다.

우리 아녀자가
아님 누가 알아
줄까보냐?

쓱싹 쓱싹
필사 중 —

조금 앞서 태어난 불행 그리고 삼생
의 원업으로 장안유협 경박자를 꿈
같이 만났지만...

– 호연재 김씨편 끝

서방님은 나무 기러기를 잡고,
저는 말린 꿩고기를 받쳤지요.
그 꿩이 울고, 그 오리 높이날도록
두 사람의 사랑이 끝이 없을 지어다.

–문무자 이옥

인간세상에서 시를 품으며 척박한
여성의 삶을 개척한 그녀에게 정말
박수를 보내고 싶다.

에잉

장안유협
경박자(?)
송모씨

호연재 김씨
(1681~1722)

#강인한_여인 #음서제_극혐 #위대한_아빠_
김성달 #알파걸_원조 #여풍당당

• 베리타 •

규원가 구절을 보자니 허난설헌이나 이 분이나 참 조선 시대에 태어난 똑똑한 여인들은 얼마나 여성으로서의 지위가 견디기 힘들었을까 하는 생각이 절로 듭니다. 님 글 애독자입니다.ㅎㅎ

• 장수찬 •

넹..문헌 기록을 보면, 양반 평민 노비의 여부와 관계없이 천재성을 타고난 여성들이 많았던 거 같아요. 그녀들이 자신의 재능을 만분의 일도 제대로 쓰지 못한 점이 항상 아쉽습니다!!

• 야구초심자 •

송요화도 이해가 간다. 기 센 여자랑 상극인 사람이 있음. 애초에 만나지 말았어야 할 인연이었지 누구의 잘못이라 몰아가는 게 무슨 의미일까.

• 장수찬 •

넹!! 애초에 만나지 말아야 할 남녀였습니다. 둘다 불쌍해요.

• 볼보이 •

조선 전기만 해도 조선 후기처럼 여성의 지위가 낮진 않았다는 걸 보여주는 사례 중 하나로 꼽을만 하네요. 그림체가 예전 어릴 때 보던 윤승운 님의 그림체를 떠올리게 합니다. 잘 봤습니다.

• 장수찬 •

정말 감사드립니당!!

• teatime •

읽는 재미가 넘나 넘나 좋습니당. 조선시대에 호연재라는 자존심 강한 멋진 여성이 있었다는 걸 알게 되어 넘나 기쁘네용. 저도 본격적으로 웹툰 내셔도 좋겠다 싶습니다. 그림이나 대사 드립력도 좋고 구성을 재치있게 참 잘하십니다.

• 장수찬 •

김호연재, 임윤지당, 서영수합, 강정일당 등등 남성 못지 않은 여성 학자들이 조선에 많이 있어요!! 제 만화를 칭찬해 주셔서 감사합니당!!

• LG大能 •

우리가 여자가 기가 세다하고 말할 때는 보통 천박함이나 난잡함 등을 둘러서 말하는 경우가 많죠. 이런 경우는 자존심이 높고, 그 재능이 뛰어난 것인데, 함부로 폄하할 것이 못 됩니다. 눈물을 글썽거리며 읽고 보았습니다.. 고맙습니다.

• 장수찬 •

제가 그린 김호연재의 학식은 정말 일부분이에요. 호연재의 저작을 보면 우주 만물의 이치, 고금의 흥망과 성쇠, 치란 등을 조목조목 설명하는 부분이 있는데 정말 뛰어난 학자였다는 생각이 들더라고요. 게다가 성리학의 몇몇 이론과 또 여성의 삼종지도에 대해선 기존 견해를 반박하며 자신만의 견해를 제시하는 경우도 있었습니다. 괜히 시댁 조카들이 반한 게 아니더라고요. 지금으로 본다면 조선판 알파걸이라 표현해도 될 듯합니다. 감사합니당.

·soulseek·
진짜 조선은 재미있는 나라네요. 송요화는 저렇게 살고도 음서로 벼슬에 올라 2품에까지... 전형적인 학문 머리는 없지만, 정치적인 인물이었던 듯

수신제가의 입장에선 비난 받을만한 사람 인건 마땅하지만, 당시엔 환국이 비일비재한 시절이라 송요화같이 방황하던 사대부들도 많았다고 하더라고요. 고맙습니당!
·장수찬·

·두부황철수·
아버지 닮은 남자와 만나야 잘 살았을 것인데 경박한 남자를 만나서.. 안타깝네요...

정말 안타까운 일이죠. 워낙 학식이 높고, 눈이 까다로웠던 호연재라... 한량 기질이 있던 소대헌 송요화 입장에선 부담되는 아내였으리라 생각됩니다. 둘이 상극이어서 더욱 안타깝더라고요. 감사합니당!

·장수찬·

·호머·
나도 남자지만 이 정도의 정보로 '남편도 이해가 된다'라는 실드가 나올 줄이야. 살림을 아내에게 떠넘기고 놀러 다니고 첩질하는 게 '서로 안 맞아서 둘 다 불행한' 범주인가? 그리고 여자가 기가 세다는 표현은 내가 알기로는 흔한 표현인데 천박함이나 난잡함을 둘러서 말하는 거라는 댓글도 납득이 안 가는군요.

댓글 정말 감사드립니당!!
·장수찬·

역사 속 이야기 :
호연재 김씨 이야기

송요화(宋堯和, 1682~1764)와 호연재 김씨(浩然齋 金氏) 부부는 집안의 결정으로, 1699년(숙종 25년)에 혼인했다. 하지만, 처음부터 그들의 결혼 생활은 행복하지 않았던 것 같다. 성격 자체가 서로 맞지 않은 듯한데 그들의 당호(堂號)가 이런 사정을 대변해 준다. 송요화의 당호는 소대헌(小大軒)이었다. '큰 테두리만 보고 작은 마디에 매달리지 않는다(見大體不拘小節)'[13]라는 뜻으로 그의 호방한 성격을 알 수 있다. 호연재는 《맹자》〈공손추(公孫丑)〉 편의 '호언지기(浩然之氣)'에서 당호를 가져왔다는데 담대하고 거침없는 그녀의 성격을 엿볼 수 있다. 부부 사이는 장·단점을 보완해 주는 것이 필요하지만 불행히도 이 부부는 당호에서 엿볼 수 있듯 그러하지 못했다.[14]

여성을 존중한 안동김씨 집안

호연재의 시재(詩才)는 집안의 영향이 있었다. 부친 김성달과 어머니인 연안이씨의 시문집이 아직도 남아 있다. 그녀의 서모(庶母, 아버지의 첩) 또한 시문을 남겼다고 한다. 대체로 노론계열 사대부들은 글을 아는 여성들을 좋아했다. 여성을 존중한 우암 송시열의 영향도 있었겠지만, 근본적인 이유는 자식들의 교육 때문이었다. 조선 후기는 알다시피, 당쟁의 연속이었다. 노론 명문가 중엔 당화를 입어 집안이 패망한 일도 있었다. 아버지가 없는 폐족 집안에서 글을 가르칠 수 있는 사람은 어머니밖에 없다. 글을 모르면 더 이상 사족(士族)일 수 없기에, 후사를 위해서라도 여성 교육은 명문가의 기본 소양일 수밖에 없는 일이다. 호연재 선조인 선원 김상용과 청음 김상헌이 뛰어난 시 작품을 남겼다는 점을 생각해 본다면, 안동김씨들은 남성뿐만 아니라, 여성까지도 글 잘하는 것을 십안 가풍으로 여겼을 것이다.[15]

13 출처: 김원행, 소대헌 송요화 묘표
14 출처: 안병기, 〈소대헌을 찾아서〉, 《오마이뉴스》, 2003.5.1
15 출처: 대덕문화원 역사 인물 편

남편과 소원했던 호연재 김씨

《호연재 시집》에는 자유로운 집안 가풍답게 안동김씨 친정 오라버니들과 주고받은 시는 많지만, 어찌 된 일인지 남편과 주고받은 시는 한 편도 없다. 남편을 주제로 쓴 시 역시 세 수밖에 없다. 그중 두 수는 남편이 외지에서 노닐던 시절에 지었다. '우음(偶吟, 우연히 짓다)'은 송요화가 어디에 있는지도 몰랐고, 마지막 시 '동작(東鵲, 동쪽 까치)'도 남편이 어디에 있는지 확실치 않다고 적었다.[16]

술과 담배 그리고 시로 소일하던 호연재는 말년을 병석에 누워 보냈는데, 송요화는 그 무렵에도 설악산에 있는 삼연 김창흡(金昌翕, 1653~1722)을 찾아가 배우거나 형인 송요경을 따라다녔다.[17]

송요화를 위한 변명을 해 보면, 그가 살던 숙종 치세는 당쟁이 격화된 시기라 여러 차례 환국이 진행되었고 서인·남인 막론할 것 없이 선비들이 화를 입었다. 송요화도 이런 분위기에 자유롭지 못하고 절망하며 방황한 듯하다. 그도 뭇 선비들처럼 출세를 위한 학문을 그만두고, 산림처사로 살고자 하는 마음이 컸을 것이다.

집안의 가장이 된 호연재 김씨

남편 송요화가 딴 살림을 하면서 시아주버니와 함께 어머니를 봉양했기 때문에 호연재는 남편 없이 홀로 40명에 가까운 식솔을 책임진 가장 역할을 해야 했다. 남편이 벌이가 없었으므로, 당장에 끼니를 걱정해야 할 정도로 경제적으로 곤궁했다. 그래서 호연재의 시에는 시댁, 친정 상관없이 여러 차례 쌀과 음식을 빌리는 모습이 자주 보인다. 쌀은 주로 관직에 있던 남편의 형제들에게 꿨는데, 간혹 수령으로 있던 송요경에게 편지를 보내어 집안 사정을 알리기도 했다.[18]

다음은 호연재 나이 스물다섯 살 나던 해, 시아주버님인 송요경에게 보낸 한글 편지이다. 절박했던 그녀의 살림살이를 알 수 있다.

---

16 출처: 허경진, 〈여성을 넘어서려 했던 여성 호연재〉, 장서각
17 출처: 허경진, 〈여성을 넘어서려 했던 여성 호연재〉, 장서각
18 출처: 허경진, 〈여성을 넘어서려 했던 여성 호연재〉, 장서각

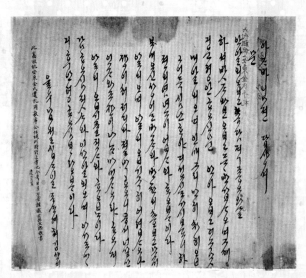

호연재가 시아주버님인 송요경에게 보낸 친필 편지[19] ⓒ 《선세언독》, 은진송씨 소대헌 종중 소장

아주버님 앞에 답하여 올리는 글.

"문안 아뢰옵고, 송담 댁 종이 와서 보내주신 편지를 받아 보니 든든하고 반가우며 그새 기운이 평안

하시다는 걸 알고 (기쁨을) 더욱 이루다 아뢰지 못합니다.

일이 그렇게 쌓여있고 섬난하게 지내시는가 하고 생각을 하니 제 마음엔 걱정이 그지없습니다. 보내

주신 상어는 잘 받아, 반찬에 쓰고 (감사함을) 이루다 아뢰지 못합니다.

아뢰기를 매우 어려우나 장이 떨어져 절박하니 콩 서너 말만 얻어 조장이나 담아 먹으려 하되, 아뢰기

를 두려워합니다.

살펴보시는 것이 죄송하여 이만 아뢰오며 내내 기후 안녕하시길 바라옵니다.

을유년(1705년) 12월 14일. 동생 처(妻) 김(金)은 올립니다."

(왼쪽 한문 문구)

이는 고조할머니 안동김씨께서 남기신 서찰로 돈녕공(호연재의 시아주버니 송요경을 말함)께서

제천(提川) 임소에 계실 때 (할머니께서) 올리신 글이다.

오늘날 살펴보니 일월(日月. 날짜)이 어긋나지 않아서 삼가 적는다. 현손(玄孫) ○○ 경서(敬書).

이 편지에는 장(醬)이 떨어져 40여 명 식솔의 생계를 걱정하는 젊은 주부의 절실한 심정과 시아주버니에게 말하기 어려워하는 어린 제수의 마음이 잘 나타나 있다.[20]

호연재 김씨를 연구한 연세대학교 허경진 교수에 따르면, 이 편지에는 콩 서너 말만 보내 달라는 사연 외에 숨은 뜻이 더 있다고 한다. 송요경의 임소인 제천에는 다름 아닌 남편 송요화가 버젓이 머물고 있었다. 집안 살림의 경제적 보탬은 가정을 책임진 송요화가 마땅히 해야 할 일이었으니, 호연재가 시아주버니인 송요경에게 이 서찰을 보낸 것은 남편을 향한 무언의 일침이었다고 한다.

송요화는 호연재 김씨가 세상을 떠난 뒤, 집안이 한미했던 박씨 부인을 재취(再娶, 이혼(사별)한 사람이 다시 결혼하여 두 번째 아내를 맞음)로 삼았다. 이것 역시, 명문가 출신인 호연재 김씨에 대한 반감 때문이었을 것이다. 어찌 되었든 새장가를 든 송요화는 1730년 종구품 말직인 선공감(繕工監) 가감역을 시작으로 조정에 출사했다. 증조부인 동춘당 송준길의 후광으로 빠른 속도로 승진하여, 음직(陰職) 출신으로는 드물게 정삼품 당상관인 광주 목사까지 오른다.[21]

《승정원일기》에서 그의 관력을 확인하다가, 뜻밖의 일화가 눈에 띄었다. 의금부 도사 재직 시절, 아랫사람이 저지른 조그마한 실수에 대해 용서하지 않고, 불같이 질책하였는데 이때 세간에 말이 많았던 모양이다.[22]

한 고관이 영조 임금에게 아뢰길, 송요화가 부드러운 사람이긴 하나, 가끔 아랫사람을 엄히 다스리는 성격이 송요화의 병통이라고 지적하고 있었다. 호연제 김씨와의 부부 생활으로 미루어 짐작해 보면, 송요화의 성품 자체가 성리학적 명분론에 따른 상하 구별, 남녀 구별에 엄격했던 것이다.

❋ 참고문헌
《선세언독》, 은진송씨 일가
《승정원일기》 홈페이지(http://sjw.history.go.kr/)
이혜순, 《조선조 후기 여성 지성사》, 이화여자대학교출판문화원, 2007
고희순, 《그 녀에게 온 편지 3》, 《대전일보》, 2012.9.5
안병기, 《소대헌을 찾아서》, 《오마이뉴스》, 2003
허경진, 《여성을 넘어서려 했던 여성 호연재》, 장서각
(http://jsg.aks.ac.kr/cmm/fms/FileDown.do?fileSn=0&atchFileId=OLD_000000000001058)

20 출처: 허경진, 《여성을 넘어서려 했던 여성 호연재》, 장서각
21 노직(老職)으로 2품 동지중추부사를 제수 받았다. 이것은 실직이 아닌 명예직이다.
22 《승정원일기》 1017책(탈초본 55책) 영조 23년 6월 15일 갑술 40/41 기사 참조

이경검 부부와 효숙이 이야기 • • • • • • • • • •

조선 선조 임금 때 이경검이란
이가 있었는데...

명장 신립이
탄금대에서
전사하다니
이럴 수가...

빨리 피하셔야
하옵나이다

경검은 종친으로 임진왜란 당시
왕을 호종한 공로로 공신이
되었다.

그대의 공이 커서
호성 2등 공신에
봉하오!

← 선조

망극하여
이다

* 호성공신:선조를 의주까지 호종한 신하들에게
    내린 공신 칭호.

그런 경검에겐 어여쁜 막내딸
하나가 있었는데...

늙은 고목나무에도
꽃이 피긴 하는구나!
이 나이에 어린 딸
을 얻다니!

아빠
까르륵

얼마나 애지중지했는지 경검은 항상 딸을 업고 다녔다.

효숙은 아버지 말을 찰떡처럼 믿어 버렸고...

하루는 경검이 딸과 함께 집을 수리하는 현장엘 같이 갔는데,

주변 사람들에게 자기 집이 생겼다며 자랑하고 다녔다고 한다.

무심코 경검이 딸인 효숙에게 실언을 하고 만다.

하지만, 9살난 효숙의 말을 믿어 주는 사람은 아무도 없었다.

뿔이 난 효숙은 가족들이 모였을 때 아무도 자신의 말을 믿어 주지 않는다고 경검에게 칭얼거렸다.

경검의 아들들

정말이십니까?

아버지, 평창동 이쁜 집 저 주시는거 맞죠??

사랑하는 딸이 초롱초롱한 눈으로 아비 경검을 바라보자,

아빠 저 주시는 거 정말 맞으신 거죠?

그제서야 자신의 실언을 후회하고 말았다.

어이구 어린자식 앞에서 말을 잘못했구나! 이런...

딸을 실망시키고 싶지 않았던 경검은...

미생지신(尾生之信)과 같은 아둔한 짓 이겠지만 어린 딸과의 약속도 약속이다. 지켜야 한다.

* 미생지신 : 융통성 없이 약속만 지키는 것을 이르는 말. 중국 춘추 시대에 미생이란 사람이 다리 밑에서 만나자고 한 여자와의 약속을 지키기 위해 홍수에도 피하지 않고 기다리다가 마침내 익사하였다는 고사에서 유래되었다. 출전은 <사기>의 <소진전>이다.

하하!! 효숙이 말대로 평창동 집은 효숙이 줄 것이다.

헐

형편상 70칸 저택 대신, 한양 명례방 25칸짜리 기와집을 마련하고...

효숙 어멈 어쩔 수 없소! 그냥 작은 집 하나 사 줍세다!

한두푼도 아니고

부모로서 신의를 저버리는 건 자식 교육상 좋지 않소!

경검은 아들, 딸 모두 불러 모아 그 자리에서 25칸짜리 집을 막내에게 물려 준다는 공증을 한다.

효숙이 너는 오라비보다 부자구나!

이 집은 이제 효숙이 네 것이다.

장남인 안국의 수결(서명)을 받아놓고, 혹시 있을 재산 분쟁까지 단속했다.

큰 형이 약속하마! 널 지켜줄 것이야.

당연히, 25칸짜리 저택은 시집 가는 효숙의 혼수물품이 되었고...

신랑 잘 생겼다!!

현명한 부모 밑에서 자란 덕분인지 효숙은 가난했던 시댁을 크게 일으켰다.

스물두 살에 청상과부 되었지만 여든 살까지 살아 아들,손자,증손자 과거급제 시켰어요!

철부지 어린 딸의 믿음을 치기 어린 애교로 받아들이지 않고,

아버지란 원래 그런 존재요! 가족에 대해 무한한 책임감을 느끼는 법이죠.

말 한 마디도 신중하게...

귀한 약속으로 승화시킨 경검의 행동에 정말 박수를 보내고 싶다.

효숙이에게 집을 증여한다는 상속문서 분재기 실물.

증인 큰오라버니 이안국 이름과 수결

효숙이 어머니 김씨 도장

효숙이 아버지 이경검 수결

— 딸과의 약속을 지킨 이경검 편 끝

#딸바보_이경검 #파도파도_미담만 #아직_유교_탈레반_아닌_시절 #오래비들_피눈물행 #3456723명의_오빠들의_한!!! #효숙이의_비밀친구_알.고.보.니_효숙이_오빠들

Talk

 •야구가조아
역사툰 열렬한 독자입니다. 자주 연재 부탁드립니다.

아, 야구가조아님.감사합니다. 딸도 재산을 나누어 주긴 했지만, 저렇게 큰 가옥을 넘겨 주는 경우는 무남독녀 외동딸이 아니면 거의 없었죠. 아버지 이경검의 결단이 아주 이채롭습니다. 고맙습니다!! •장수찬

 •Vajra
너무 잘 보고 있어요 ^^ 대단한 아버님이셨네요... 훌륭한 부모님 밑에 훌륭한 자녀가 나는군요... 잘 봤습니다.

댓글 감사드려요! •장수찬

 •Ryan
잘 봤습니다. 9살에 집이 생긴 건 부럽지만 거의 일평생 과부로 산 거는 ㅠㅠ 그림도 다 직접 그리신 거죠? 그림체가 어디서 많이 본 그림체라 헷갈렸음

헤헤...정말 감사합니다. •장수찬

 •김밥천국
집은 친정에서 받아 묵고 충성은 시가에다 하네.

앗! 정말 그렇네용!! •장수찬

 •henkel
캬, 너무 잘 읽었습니다. 항상 감사드려요~ 어린 딸에게 무심코 건넨 실언(?)이었지만 약속으로 지켰네요 ㅎㅎ

 •꽃의은하수
와 시집도 엄청 좋은 집안에 갔네요ㅎ 이산해에 이경전 집안이면 당시 최고명문가인데ㄷㄷㄷ

 •귀차니스트
명문가 금수저라서 가능한 얘기겠지만(그러고 보니 나중에 시집 간 시가 집안도 ㄷㄷㄷ하네요), 부모와 오빠들이 막내 고명딸 이뻐서 어쩔 줄 몰라하는 게 보이는 것 같아 미소 지어지네요. ^^ 말 그대로 금지옥엽이었을 것 같습니다.

• dixie •

오늘도 재밌는 내용, 잘 봤습니다. 미생지신에 대해 한마디 보태자면, 물이 불어나서 사람들이 피하라고 하는데도, 약속을 어길 수 없다며 다리 기둥을 껴안고 매달려 있다가 결국 물에 빠져 죽었다는, 더더욱 절절한 사연이 있었지요.

• 유인나 •

재밌는 일화네요 ㅎㅎㅎ 조선 딸바보 ㅎㅎㅎ 근데 남편 사후 시댁 집안을 일으킨 걸 보면 그냥 무턱 대고 이쁘다 이쁘다만 한게 아니라 집안 교육도 제대로 된 경우라고 봐야 겠네요.

일일이 답아드리지 못해 죄송합니다! 읽어 주셔서 정말 감사해요~

• 장수찬 •

역사 속 이야기 :

이경검 부부와 효숙 이야기

임란공신 이경검, 딸에게 집을 물려주다

성종 임금의 4대손이자 임란(壬亂) 공신이던 순녕군 이경검(李景儉)은 늘그막에 본 딸 하나가 있었다. 이름은 효숙으로 천성이 총명하고, 외모도 예쁘장하여 그가 항상 옆에 두며 귀여워했다. 어느 날 이경검은 재물을 주고 산 집을 수리하는 곳에 효숙을 데리고 갔다.

이경검은 농담 삼아 '효숙이 너에게 이 저택을 줄 것'이라 했는데, 어린 효숙은 이런 아버지의 말을 굳게 믿었다고 한다. 그날 이후, 9살 난 효숙은 자기 집이 생겼다며 집안사람들에게 자랑하고 다녔다. 이 이야기를 들은 이경검은 아버지의 권위를 지키기 위해서라도 차마 어린 딸을 속일 수가 없었다.[23]

그는 아들, 딸을 불러 모은 뒤 한양 명례방(明禮坊, 지금의 서울 필동)의 25칸 기와집을 아내 김씨 부인과 공동명의로 구입하고 효숙이에게 건네 주기로 한다. 물정 모르는 딸의 행동을 모른 척하며 넘어갈 수도 있었지만, 이경검은 그렇지 않았다.[24]

주나라 성왕이 장난삼아 오동잎을 잘라 주고 동생을 제후에 봉한 고사[25]를 언급하며 '부모 자식 간에 믿음보다 더 중요한 것이 어디 있겠느냐'라며, 말실수라도 어린 딸과의 약속을 지켜야 한다고 공언했다. 또, 있을지 모르는 자식들 사이의 불평불만을 잠재우기 위해 장남 이안국(李安國)의 수결까지 받아놓으며 재산상속을 마무리 지었다.

23 출처: 김학수, 〈이경검 부부 별급문기〉, 《경향신문》, 2004.1.12
24 출처: 김상운, 〈장서각 재산상속문서 분재기 공개〉, 《동아일보》, 2010.7.31
25 출처: 《사기(史記)》〈진세가(晉世家〉 중 일부 ─ 어느 날 어린 성왕이 동생 숙우와 놀다가 오동잎을 잘라서 홀 모양을 만들고선, 동생에게 '당 땅의 제후로 봉한다.'라며 농담 삼아 말했다. 숙부인 주공은 '임금에게는 장난삼아 거짓을 말할 수 없다.'라고 아뢴 뒤에 숙우를 당후로 봉하라고 아뢰었다. 성왕은 이를 받아들여 그 약속을 지켰다고 한다.

남녀가 비교적 평등했던 시대, 조선 중기 시절

조선 중기만 하더라도, 여성의 지위는 낮지 않아 족보에 등재할 적에 남녀 순이 아닌, 출생 순으로 기재하였고 재산 상속도 남녀 균분 상속이 보편적이었다. 성리학 종법 사상이 조선 후기를 지배하자, 종가 중심의 재산 상속과 함께 여성 상속분도 줄어든다. 하지만, 조선 중기라고 해서 무남독녀가 아닌 이상, 이경검 사례와 같이 큰 저택을 딸에게 상속하는 일은 드물었다. 9년 뒤, 이효숙은 영의정 아계(鵝溪) 이산해(李山海)의 손자 이구와 혼인하고, 기와집을 혼수로 가지고 간다. 친정에서 받아온 이 기와집은 훗날, 가난했던 시댁에 경제적으로 큰 도움이 되었다.

시할아버지 이산해는 오랫동안 전형(銓衡, 이조판서)의 자리에 있었지만, 가난한 선비의 모범으로 살았다고 한다. 평생 도인처럼 살다간 숙부 토정 이지함의 영향을 받은 것이다. 22세에 청상과부가 된 효숙은 빈한한 시집을 일으키기 위해, 1636년 시조부인 이산해의 묘소가 있는 충청도 예산으로 이주했으나 한양 명례방 기와집만은 남겨 두었다. 영특한 그녀는 아들 교육을 위해 서울 집을 팔지 않았던 것이다. 자식 교육에 열성을 다한 효숙은 외아들과 손자, 증손자 모두 대과 급제시키고 한산이씨 집안을 크게 일으켰으니, 이 모두가 신의(信義)를 목숨처럼 여겼던 이경검의 교육열 덕분이었을 것이다.

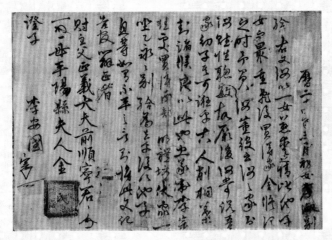

효숙에게 명례방 기와집을 분급한 이경검 부부 별급문기(李景儉 夫婦 別給文記) ⓒ 한산이씨 수당고택 소장

아래는 이경검이 딸 효숙에게 명례방 집을 증여한 별급문기 해석본이다.

만력 24년(1596년, 선조 29년) 3월 초, 효숙에게 별도로 주는 증여문서.

"오른쪽 문서의 일을 말할 것 같으면, 효숙이 너는 나의 외동딸로서 사랑하는 정(情)이 어느 자식보다도 컸다. 왜란 이후 재물을 주고 산 집을 수리하던 때에 내가 너를 등에 업고 일을 감독 하면서, '이 집은 효숙이 너에게 주겠다.'라고 말했었다.

너는 본디 천성이 총명한 까닭에 그날 이후, 항상 그 집은 나의 집이라 말하고 다녔으니 어린 자식을 어찌 속일 수야 있겠느냐. 주나라 성왕께서 오동잎을 잘라, 그 동생을 제후로 봉한 옛 고사를 생각해 본다면 진실로 이러한 까닭일 수밖에 없다.

충의위 이동규에게 남부 명례방 가옥 일좌를 사서 영구히 너에게 별급하니, 이후 다른 자식 놈들에 게서 여타 불평불만의 말이 나오거든 장차 이 문서를 가지고 관아로 가서 바로 잡거라."

재주(財主) 아버지(父) 정의대부 전(前) 순녕군 (서명)

어머니(母) 평양 현부인 김씨 (인장)

증인 자(子) 이안국 (서명)

참고문헌

김학수, 〈이경검 부부 별급문기〉, 《경향신문》, 2004.1.12
(http://news.khan.co.kr/kh_news/khan_art_view.html?artid=200401121830521&code=960100)
김상운, 〈장서각 재산상속문서 분재기 공개〉, 《동아일보》, 2010.7.3
(http://news.donga.com/Culture/more29/3/all/20140731/65518153/1)
한국학 중앙 연구원 고문서 자료관 홈페이지(http://archive.aks.ac.kr/)

홍문관 교리 이장곤은 연산군의
미움을 받아, 거제도로 유배
되었으나...

> 저놈은 해로운 놈이다

> 상감! 바른말 한 것도 죄요?

* 홍문관 교리: 국왕의 학술
  자문을 도맡던 정5품직의
  관직으로 왕의 글을 짓는 지제교 등을
  겸임했다. 청요직 중 하나.

금부도사를 파견해 그의 목을
벤다는 소문이 돌자, 함흥으로
도망쳤다.

> 비루한 목숨! 일단 살고 보자.

노발대발한 연산은 장곤을
찾으려고 각지에 포교들을
보냈다.

> 놈을 잡아 와랏

> 잡으면 일계급 특진 이래.

맞고 말고!
글 하는 선비의 발이
저렇게 크진 않을 것이야.
어서 장곤을
잡으러 가세.

가까스로 포교들을 따돌린
장곤은 인적이 드문 어느
마을로 발길을 돌리는데.

도망자 신세인 장곤은 우물가
에서 물을 긷던 처자에게
물 한 바가지만 달라고 했다.

허겁지겁 물을 마시던 장곤은
이상한 낌새를 느꼈다.

바가지에 나뭇잎을 띄운
이유를 물어보았다.

체하실 수도 있기에 그리했사와요.

놀라셨다면 죄송합니다

거참... 지혜로운 낭자군!

처자의 현명함에 무릎을 친 장곤은 그녀에게 하룻밤 신세를 부탁했지.

방 값은 드릴테니 재워 주실수 있소?

소녀를 따라 오셔요.

처자를 따라 집에 도착해 보니, 아뿔싸! 양수척의 딸이 아니던가?

아버지 손님 오셨소

일류 양반이었던 장곤은 팔자의 요상함에 비통해 했지만...

사람 축에도 끼지 못하는 고리 백정집 이라니...

조정의 죄인이 된 그로썬 운명을 받아들일 수밖에 없었다.

들어오슈

세상을 등진 몸이 신분이 무슨 상관이랴?

*고리백정: 양수척 또는 유기장이라고 부르기도 하며 광대, 기생 등 천민의 유래가 이들로 부터 나왔다 한다.

그렇게 고리백정의 하인이 된 장곤은...

이서방 빨리 쓸고 동고리 하게

양수척의 딸과 정분을 쌓고
장래를 약속한다.

부모님 눈에
띄지 말아요!

큰일이군
동고리
해야
하는데

18세
봉단

30세
장곤

우리
백년
해로
합시다

양수척 내외는 그가 탐탁치
않았으나 백정사위가 될
사람은 극히 드물었기에...

관비로
끌려가는
것보단
낫지
않소

동고리 짝 하나
만들지 못하는 놈을
사위 삼으라고요?

* 동고리: 버들가지로 만든 둥글
납작한 상자로 주로 옷이나 책,
음식을 보관하는 용도로 쓰였
다고 한다.

할 수 없이 장곤을 데릴 사위로
받아들였다고 한다.

나무 기러기가 날고
말린 꿩이 울 때까지
두사람의 사랑이
영원토록 하시오!

와 cc
이거 꿀아니냐?

ㄹㄹ

열두 살이나 어리고 이쁜 각시도
감지덕지인데 처갓집 장모에게
밥까지 얻어 먹고!

히히

서방님 깨셨어요
?

하지만, 장곤은 양반의 먹물
근성을 버리지 못하고 게으름만
피웠다.

ㄹㄹㄹ

잠푸대
사위를
얻어왔나?

그냥 놔두세요.

이년이 지서방 이라고 편드는 것 보소

부모도 집도 없는 가엾은 사람이오

의지할 곳은 나밖에 없는 사람이라구요.

하루는 장곤이 처가에 미안 하여 자진해 고리를 바치러 읍내를 들어 갔는데...

밥값하러 다녀오겠소

해가 서쪽에 떳나? 웬일?

어꾸?

별거 아니네

백정 사위로의 설움을 톡톡히 받기도 했지.

짝

아! 아푸 당

이놈이 평민을 보고 인사도 안해?

세상의 법도가 이리무너지 다니

엉엉-
어떻게 상놈한테 얻어 터지냐?

그러던 중 중종반정이 일어난 걸 알고선...

헌임금은 쫓겨나고 새임금이 나섰소

오홍이!

장수찬의 역사툰

109

함흥읍 관아로 황급히 들어 가고...

물론, 백정 사위 이서방이 아니라 양반 이장곤이었다.

동문수학하던 함흥사또는 장곤을 한눈에 알아봤다.

고리백정 내외는 양반 사위를 맞이해 환대했지만...

한편, 봉단이는 해가 져도 돌아오지 않는 부군을 애타게 기다리고 있었으니...

웬일로 봉단이만은 표정이 좋지 않았다.

이튿날이 되어서야 장곤은 처가로 돌아오게 되었다.

장곤은 봉단이에게 서울에 못 데려가겠다, 첩으로 삼아 데려가겠다 놀려댔지만...

봉단은 장곤에게 내가 싫으면 데려가지 않아도 괜찮다고 말했다.

봉단은 그저 비구니나 되겠다 했지.

천하의 이장곤이가 목숨보다 소중한 조강지처를 버릴 거 같소?

내가 무슨 수를 쓰더라도 면천시켜 데리러 오겠소

홍문관 교리로 복직한 이장곤은 분주한 공직생활에서도 봉단을 잊지 않고 있었으니...

중종을 만나서 그간 사정을
아뢰었다.

홍문관교리
이장곤 주상전하
알현하오이다

소신은 나라의 녹을 먹는 관리로
천인의 딸을 아내로 맞이하였으니
그 죄가 중하옵고...
또한 조강지처를 버리는 것
역시 사대부의 도리가 아니오니
그저 평범한 농군이 되어 땅이나
갈아 먹으려 하옵니다.

단경왕후가 생각났던 중종은
장곤에게 본처를 내치지 말라
하였고...

장곤아 —
너는 너의 아내가
천하다고 해서
버리지 말라

히! 넌 강제이혼 당한
나보다 낫다.

이장곤을 정3품 당상관의
동부승지로 제수하고서는...

내가 너의 뒷일을
아름답게
하리라 —

봉단 역시 양반의 아내로 만들어
면천시켜 주었다.

교리 이장곤을 승정원
동부승지 겸 경연 참찬관
으로 제수하고 그의 처에게도
법전에 의거해 숙부인의
품계를 주도록 하여라.

성은이 망극하오이다

캬~ 넘나 멋진 분!

숙부인
가마
행차

淑
國
夫
人

112

이 서방이 부부의 의리를 지켰구낭 ♪♫

난리 났구만—

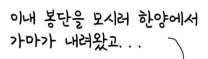

이내 봉단을 모시러 한양에서 가마가 내려왔고...

여기 있었던 일은 싹 다 잊어버리고 새출발하거라!

봉데렐라가 된 봉단.

안국동 이 승지댁 안주인이 된 봉데렐라 봉단이는 백정마을을 떠나게 되었지.

제영과 같은 효녀가 되고자 했건만 이렇게 부모님의 슬하를 떠나옵니다.

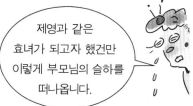

＊ 제영구부(緹縈救父: 효녀 제영이 아버지를 구하다)
한나라의 순우공이 죄가 있어 옥에 갇히어 장차 사형을 당하매, 그 딸 제영이 임금께 상서하기를 관비가 되어 이버지의 죄를 속(贖)하겠다고 하니, 임금이 그 뜻을 동정하여 둘다 용서해 주었다는 고사. 출전은 《사기》 〈문제기〉 편

봉단은 낭군을 만나는 기쁨과 부모님을 떠나는 슬픔을 겪는 운명을 짊어졌지만...

아랫것들을 이리 챙기시너

누구보다 씩씩하게 안국동 살림을 주관하였고...

우리 안주인마님이 이번 설 성과금을 2000%씩 챙겨 주었다네...

안국동 마님 정말 경영 잘하시네.

내조 또한 잘해 이장곤을 병조판서로 출세 시키는 등 세상 뭇사람들의 칭찬을 들었다고 한다.

마누라 잘 안난 덕—

엣헴!

— 이장곤 편 끝

#로멘티스트_이장곤 #봉무룩_귀여워 #30살_장곤이_아조씨랑_18살_고딩_봉단이의_사랑 #불합리한_계급사회_조선_미.쳤.다. #백정_선조는_외국인

· 나그네 ·

예전 임꺽정 드라마 초반 1, 2회 내용이랑 같네요... 드라마에선 저 백정 부인의 조카인가 동생인가가 임꺽정이죠. 재밌게 잘봤습니다.

네! 홍명희 선생님 원작인 임꺽정 봉단 편을 드라마화 한 걸로 압니다!

· 장수찬 ·

· LAD칠BOS ·

항상 재밌게 보고 있습니다. 말씀하신 대로 연려실기술에도 이와 관련된 이야기가 있겠지만, 청구야담에도 이장곤의 이야기가 있습니다. 청구야담에서는 백정이 아니라 다른 천직으로 나와 있기는 하지만요. 고전문학을 전공하는 입장에서, 자칫 지루하고 따분할 수 있는 이야기를 이렇게 재밌게 전달해 주셔서 고마운 마음을 늘 가지고 있습니다. 항상 힘내시고, 재밌는 역사툰 많이 보여 주시기 바랍니다.

열심히 그리도록 할게요! 고전들이 이렇게 알기 쉽게 읽혀질 수 있다면 많은 수험생들이 고생 없이 좀 더 재밌는 국어 공부를 할 수 있을 텐데 아쉬어요!

· 장수찬 ·

· 익명독자 ·

양수척의 딸을 부인으로 삼은 건 팩트인가요?

이장곤의 묘역에 가면, 양씨 부인의 묘도 옆에 있어요! 후손들이 반듯하게 묘비도 세워 주었답니다.

· 장수찬 ·

· 익명독자 ·

연산이 이장곤을 특별히 미워한 이유가 있나요?

예! 있습니다. 이장곤은 선비였지만, 체구가 거대하고 활을 잘 쏘아 무인의 기질이 다분했습니다. 이 사실은 조선왕조실록에도 실려 있습니다. 연산군의 폭정이 심해지면서, 세간에는 이장곤이 무리를 모아, 반정을 일으킬 것이라는 소문이 파다했다고 합니다. 그래서 연산이 이장곤을 경계했던 거 같습니다.

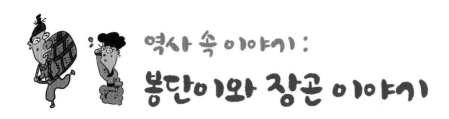
역사 속 이야기 :
봉단이와 장곤 이야기

세종 임금, 양수척을 백성으로 대우하며 사랑하다

백정(白丁)이란 중국 수나라 시절 등장한 용어로 말 그대로 일반 백성을 의미했다. 군역이나 직역을 진 가호(家戶, 한 지역의 집 수를 세는 말)를 정호(丁戶)라고 했는데, 여기서 제외된 가호를 백정으로 불렸던 것이다. 고려 시대에도 백정 신분이 있었다. 이들 역시 엄연한 양민 신분으로 국가로부터 역을 부여받지 않은 채 농업에 종사한 일반 백성들이다. 일반 백성들과 동화되지 못한 북방 여진족 출신의 재인(才人, 광대)이나 화척(禾尺)이 있었는데, 이들은 호적(戶籍)이나 일정한 직역(職役)이 없이 전국을 떠돌며 유랑 생활을 했다. 고려 후기 들어, 이들 여진족 후예는 왜구를 가장해, 민가나 관가를 노략질하여 고려 민중으로부터 많은 원성을 샀다고 한다.

조선 시대 들어서 조정에서는 유랑민을 철저히 관리하였는데, 이들에게 도살이나 광대, 그리고 유기(柳器, 버들가지로 만든 생활용품)를 제조하도록 했다.

세종(世宗, 1397~1450) 임금은 백정들을 애처롭게 여겨, 양인 신분을 주고 호적을 만들어 떳떳한 조선 백성으로 살도록 했다. 일반 양민에 해당하는 칭호인 '백정'이란 이름을 붙여 주었으니, 오늘날 백정의 의미가 여기에서 나온 것이다. 유랑민 양수척들은 세종대(世宗代)에 집단 거주지를 만들고 정착 생활을 시작했지만, 양민들은 이들을 '신(新)백정'이라며 천민으로 대우하고 심한 멸시를 가했다. 양수척 사위가 되었던 이장곤도 이런 백정들의 집단 거주지에 몸을 의탁했던 것으로 보인다. 백정 마을은 일반인들이 함부로 드나들기 힘들어서 도주 중인 이장곤은 의도적으로 이곳을 찾았을 것이다.

백정의 핍박받던 삶은 다음 일화에서도 확인된다. 1809년(순조 9년) 개성부의 한 백정이 혼인할 때 관복을 입고, 일산(日傘, 햇빛을 가리는 도구)을 받쳤다고 해서 개성부 양민들이 이 백정의 집을 난입하고 집을 부순 일이 있었다. 심지어 양민들은 관청에 몰려가 백정을 엄히 다스리지 않는다 하여 개성부 관아에 돌을 던지며 항의하였으니, 백정의 처지가 어떠한지 잘 알려 주는 사례다.[26]

장수찬의 역사툰

115

김홍도의 풍속화 《노상송사(路上訟事)》, 사또에게 송사하는 천민의 모습(빨간 칸)을 볼 수 있다. ⓒ 국립민속박물관 소장

천하고 천했던 그 이름, 조선 백정

조선 시대 문인 성해응(成海應, 1760~1839)에 따르면, 백정 가운데 고리백정이 소를 잡는 백정보다 더 천시 받았고 그 때문에 주현에서 사형시킬 죄수가 있으면 그들에게 형 집행을 맡기기도 하였다고 한다.[27]

조선 후기 들어, 영조가 민국 정치(民國政治, 백성들을 위한 정치)를 내세우자[28], 민(民)의 의식이 한 층 성장했는데 천한 백정들도 예외가 아니었다. 차츰 자기 목소리를 내기 시작했다. 단원 김홍도(金弘道, 1745~?)의 풍속도인 《노상송사(路上訟事)》에 나오는 백정이 고리백정이었는지 알 수 없지만, 어쨌든 부당한 처사에 맞서 소송을 하는 모습에서 의식이 성장한 이들이 소송이라는 행동으로도 발전한 것을 발견할 수 있다. 백정들의 이러한 모습은 다음 사료에서도 확인된다.

27 출차: 〈우리 역사넷〉 천민들의 삶 中, 국사편찬위원회 홈페이지(http://contents.history.go.kr/front)
28 김백철, 〈영조대 민국 논의와 변화된 왕정상〉, 《이태진 교수 정년기념논총》, 2009

"우리나라에서 가장 천한 자는 백정이다. 그렇지만, 가장 두려워할 만한 자도 백정이니, 그들이 가장 천하기 때문이다. 문경의 공고(工庫)에 소속된 종이 백정을 구타하였는데, 백정이 죽자 재판을 하여 그를 사형시키려 하였다.

그러나 관아에서 종의 편을 들까 염려한 나머지 온 군내의 백정들이 소매를 걷어붙이고 칼날을 세우고 몰려와서는 마치 자신들의 원수를 갚듯이 하여, 기어이 직접 그의 사지를 갈가리 찢어 버리겠다고 관문에서 시끄럽게 굴었다. 이에 관아에서 간곡히 타이르니 그제야 돌아갔다."

– 성대중(成大中, 1732~1809), 《청성잡기(靑城雜記)》[29]

관아의 잡물을 만들던 관노비가 백정을 구타해 죽이는 일이 발생하자, 백정들은 관아로 몰려가 집단행동까지 불사했다. 같은 천민에게 맞아 죽을 만큼 백정의 처지는 열악하였지만, 과격한 행동으로나마 그들은 자신들의 의사를 분명히 내비치고 있었다. 이런 백정들의 노력이 있었기에 1894년 갑오개혁을 통해 신분의 굴레에서 벗어나 자유의 몸이 될 수 있었다. 하지만, 법적인 차별이 무너졌다고 해서 사회적인 차별까지 사라진 것은 아니었다.[30]

일제 강점기의 장지필이란 인물은 백정의 아들로 일본에 유학까지 다녀온 엘리트였지만, 고향으로 돌아온 후 자신의 호적을 떼어 보니 '도부(백정)'라는 빨간 글씨가 찍혀 나오자 경악하였다. 문제를 실감했던 장지필과 강상호 등은 1923년부터 이러한 사회적 차별을 개선하려는 형평운동을 주창해 계급적 투쟁을 지속했으니, 백정은 우리 역사 속에서 멸시와 핍박의 고통에 몸부림치던 사람들이었던 것이다.

※ 참고문헌
국사편찬위원회 〈우리 역사넷〉
(http://contents.history.go.kr/front/ht/view.do?levelId=ht_005_0040_0020)
홍명희, 《소설 임꺽정》, 1928~1939 연재
SBS 드라마 《임꺽정》 중 〈봉단〉 편
김백철, 〈영조대 민국 논의와 변화된 왕정상〉, 《이태진 교수 정년기념논총》, 2009

29 출처: 〈우리 역사넷〉, 주제로 보는 한국사 편, 사료 4-2-03
30 출처: 〈우리 역사넷〉 천민들의 삶 中, 국사편찬위원회 홈페이지(http://contents.history.go.kr/front)

서울의 귀족 자제 심생은
십팔세 풍류남아로 용모가
매우 준수했는데. . .

장안에 소문난
미소년 심생이셔.

이몽의 인기
으흥

하루는 종로에서 임금님
행차를 구경하고 돌아오는
길이었다.

영조 임금

주상전하 천세!

상감마마 홧팅!

한 궐녀가 건장한 여종에게
업힌 채 보자기로 얼굴을
가리고선,

후다닥—

은은한 여인
의 향내로다!

심생 옆을 내달리고 있었다.

이건 분명
느낌적인 느낌이야!

풍정이 넘쳤던 심생은 궐녀가
궁금해 뒤를 밟았는데. . .

후훗!
참새가
방앗간을
그냥 지나칠 리가
없듯이,
장안유협 경박자가
미인을 놓칠 수야
있겠느냐?

*풍정 (風情) : 사람의 정취나 감성적인 면.

마침 광통교를 지나던 그때,
돌개바람이 궐녀가 쓰고 있던
자줏빛 보자기를 들춰내자. . .

팔랑!

어머!

별 같은 네 개의 눈동자가 딱
마주치며, 복숭앗빛 뺨과
버들가지 눈썹을 가진 궐녀의
미모가 드러나니. . .

초선이
뺨치는
절색이로고!

아씨! 들켰네
어쩌지?

궐녀 또한 어렴풋이 보자기
속에서 아름다운 소년이 초립을
쓴 채 자신을 이리저리
쫓아오는 걸 보고 있었다.

얘들아!
웬 사내가 따라오니
조심해야 겠구나

내심 마음이 쓰인 궐녀는
보자기 밖의 소년을 주시하고
있었는데. . .

에고 숨차!

계속 쫓아오네.
어쩌지?
모양새가 상사람
같지 않고 의젓한
양반가 자제같은데...

*상사람 : 평민을 이르는 말.

속내가 들킨 것 같았던
궐녀는 부끄러워, 보자기를
한껏 당겨쓰고선 황급히
자리를 떳지.

매향이 이년!
왜이리 꾸물거리느냐?
속도를 높여 빨리
집으로 가자꾸나.

춘정이 동한 심생이 어찌
그대로 놓치겠는가.

쌩

품어야겠다!
고년~

더욱 발길을 재촉하며,
궐녀의 뒤를 쫓았는데...

하 -
발에 떠보
엔진
달았나?

5단 기아작동!!

소공동 홍살문 안에 이르러
그녀의 자취가 사라지고
말았다.

헉헉
놓쳤구나

감쪽같이 사라진 걸 볼 때
이 근처에 사는 것이 분명하리라.

망연자실한 심생은 주위의
노파를 붙잡아 궐녀의 소재지를
캐물었더니...

그처녀
는 누구
딸이요?

고것이...

호조에서 은퇴한 계사의
외동딸로 나이는 열일곱쯤이요,
아직 시집을 가지 않았음을
알았다.

오호 -
중인의 딸내미
열일곱!
아직 시집안감

속닥 속닥

*계사 : 현재 회계사와 유사한 전문직종.

궐녀가 사는 집을 물었더니. . .

골목을 이리저리
돌고돌면 그집이
나옵니다
도령께서
투화지심을
가지고 계시는
구랴 *ㄴㄴ*

에헴
에헴

투화지심
이라!

쇤네는 못 속입니다~
도령 눈엔 남정네의
테스토스테론이 가득하!

그렇게 노파의 말을 들은
심생은 아무리해도 그녀를
잊을 수가 없어서. . .

그 눈빛~
날 보고 웃던 게 분명하다능!

집에 거짓말을 하고, 궐녀가
사는 곳을 찾아나섰지.

소자
친구집에서
공부하고
오겠나이다

오냐오냐

월담을 하여 찾아들어가니,
달빛은 아스라히 창에
드리워져 있었고. . .

착~

궐녀는 계집종들과 소설 책을
읽고 있었는데, 목소리가 마치
낭랑한 꾀꼬리와 같았다.

. . .

나는 속세의 일개 손님이오,
낭자는 천상의 선녀인데 어찌
우리 사이에 연분이 있다고
하시오?

ㄴ
숙영낭자전 中

삼경 무렵 여종들은 잠이 들고
그제서야 궐녀는 초롱불을 끄고
자리에 누웠지.

하~

심란 *ㄴ*
심란 *ㄴ*

고민이 있는듯 궐녀는 쉽사리
잠에 빠지지 못하고...

뒤척 뒤척
하

심생 역시, 숨을 죽인 채
처마 밑에서 따루가 울릴
때까지 기다릴 뿐이었다.

댕 —
댕 —

날이 밝았고나

새벽종이 치자마자, 심생은
집으로 돌아갔고...

가친께서 아시는
날엔 절간으로
쫓겨갈 판!

다시 저녁이 되면, 궐녀의 집
으로 와서 밤을 새길 스무날
가까이 했다.

아씨! 오늘은 소설을 읽지
않으시고,
수를 놓으시네요?

먹이를 노리는 한 마리의
하이에나가 된 심생

궐녀 또한 처음엔 소설책을 읽고,
바느질도 하며 등불이 꺼지면
잠을 청하기도 했지만...

아직도 수를 놓으세요?

잠이 오지 않는구나.

어떤 때는 뭔가가 고민되는 듯
번민하여 잠을 이루지 못했다.

그래! 오늘은
결단코
말을 넣어야
겠어!

딱 스무날이 된 때, 궐녀는
홀연히 마루 뒤쪽으로 나와
심생이 있는 곳에 이르렀는데,

저를 잡지
마셔요.
소리를
지르기만
해도 여길
못나가십니다.

심생이 불쑥 어둠속에서 일어나
그녀를 붙잡았다.

덥썩

가만히
있으시오

저를 놓아
주시면
소녀가
틀림없이
문을 열어
맞아
드릴 꺼예요.

그녀는 조금도 놀라지 않고
낮은 목소리로 말했다.

도련님은
광통교
에서 뵈었던
그분이
맞으시죠?

순진한 심생은 곧이곧대로
믿고선 그녀를 놓아주었는데,

드디 품는 것
인가?

총총총~

방안으로 들어가자마자 궐녀는 여종을 시켜 자물쇠를 가져와 문을 걸어 잠가버렸다.

하지만 심생은 궐녀와 얘기를 해 보았다는 사실에 만족하고서는...

또다시 궐녀의 집을 월담하기 시작했지.

눈이 오나 비가 오나 오매불망 궐녀의 마음만 열리길 기다리니,

드디어 한 달째가 되던 날

궐녀가 문을 열어 주자 심생은 벌써 방에 들어와 있었고...

*우공이산(愚公移山): 어리석은 영감이 산을 옮긴다는 뜻으로, 어떤 일이든 꾸준하게 열심히 하면 반드시 이룰 수 있음을 이르는 말.

궐녀는 안방으로 가더니 부모님을 모시고 들어왔다.

저 소년은 누구시냐?

해꼬...

놀라지마시고 제 이야길 들어 보세요

제 나이 열일곱.
그동안 문밖을
나가본 적이 없사온데,
전번에 임금님 행차를
구경하러 오는 길
이었지요.
광통교에서 우연히
불어오는 바람에 보자기가
걷어 올려지자 초립을 쓴
도련님과 눈이 마주쳤답니다.

저분은 사대부 가문의 자제로
젊은 혈기에 꽃을 탐하는 것만 알아
바람과 이슬 맞는 것을
걱정하지 않으니 얼마 못 가
병이 들지 않겠습니까?
병들면 필시 일어나지
못할 터이니
그리된다면
소녀의 손으로 해한 것은 아니오나
결국 소녀가 해한 꼴이 되겠지요.
남들이 모르는 일이라 하여도
언젠가는 하늘이
제게 벌을 내릴 것입니다.

소녀는 중인 집안의
계집에 지나지 않아요.
꽃이 부끄러워할 만큼
아름다운 얼굴도
아니지요...
그렇건만!
낭군님은
제게 지극 정성을
다하시니...

이러한데도
낭군님을 따르지 않는다면
하늘이 소녀를 미워하고
분명 복을 내리지
않을 것이옵니다.

소녀는 뜻을 굳혔사옵니다.
아버지, 어머니!
부디 걱정하지 마세요.
이것도 역시
하늘의 뜻입니다.
더 말해
무엇하겠어요?

궐녀의 부모는 아무 말이 없었고, 심생 역시 마찬가지였다.

북촌 양반댁
사위라...
괜찮을거
같긴 하다만

나정도면...

잠시후, 심생은 비로소 소녀와 함께 있게 되었으니...

누추하더
라도, 이해해
주시와요——.

헤헤

아..이쁘당

서로의 마음을 확인했다고 한다.

흰구슬 합하여
아름다운 짝 이루었고,
붉은 실 엮어서
좋은 인연 맺었네.
어여쁜 저 선녀는
월궁을 지키느라
아름다운 미소년을
못 보았구나!

늘씬한 키의 미소년이
고운 모시 두루마기에
노란 초립을 쓰셨네.
같은 해에 태어나
나이도 동갑!
달 밝은 이 밤에
영원한 인연을
맺으리라.

심생은 주위 사람들이 이상하게 볼까봐 그 옷을 입지 못했다.

그날 이후, 심생은 매일 궐녀의 집으로 출퇴근을 했지.

시간이 지나면서 심생의 집에서도 심생을 의심하기 시작했고,

가산이 넉넉했던 궐녀의 집에서 심생을 위해 화려한 의복을 많이 마련해 주었지만

부모의 명에 의해 북한산성에 있는 절간으로 공부하러 떠났다.

한달 후 심생은 궐녀에게
편지 한통을 받는데...

그건 그녀의 유서였다.

봄추위가 매서운데
낭군께서는 산사에서
공부가 잘 되시는지요?
저는 낭군님을 잊을
날이 없었답니다...

낭군께서 가시고 저는 우연히
병을 얻었습니다.

병이 깊어져 약을 먹어도
소용이 없으니 저의 운명
인가 봅니다.
저 같은 박명한
사람이 살아서
뭐 하겠어요?

인연을 맺은 지 얼마되지
않아 급작스레 이별을 하고
병들어 누우니 죽음은 가까이
오건만...

낭군께 마지막 작별인사도
할 수 없는 게 한이 될 뿐
이어서 애간장이 끊어지고
뼈가 녹는 듯하옵니다.

연약한 풀은
바람따라 흔들리고
꽃은 흙이 된다고 하지만
아늑히
깊은 소녀의
한은 어느 날에야
사라질까요?

아아! 창을 사이에 두고
만나던 것도 이것으로 끝이
옵나이다.

이건 아니오!
이건 아니오!

낭군께서는 미천한 저 때문에
마음쓰지 말고, 학업에 정진하여
하루빨리 벼슬길에 오르시길 바라
옵나이다. 부디 안녕히 계십시오.
부디 안녕히 계십시오.

심생은 편지를 붙잡고 통곡
했으나 이미 어쩔 수 없는
일이었다.

이럴 줄 알았으면...

충격을 받은 심생은 붓을
던져 버리고, 활을 잡아
무과에 급제해 금부도사에
이르렀지만. . .

그대의 소원대로
벼슬길에 올랐소!

사랑하옵다. 그대여!

그 역시 궐녀를 잊지 못한
나머지, 일찍 세상을
떴다고 한다.

삼생의 연을 저승에서 이어 가겠소.
기다려주시오... 부디...

심생전 끝ㅡ

#스.토.킹_미화ㄷㄷ #스토킹은_알고_보니_우
리_역사 #수능완성_심생전 #예체능인데_문
과가서 개고생 #막장_드라마_원조_심생전

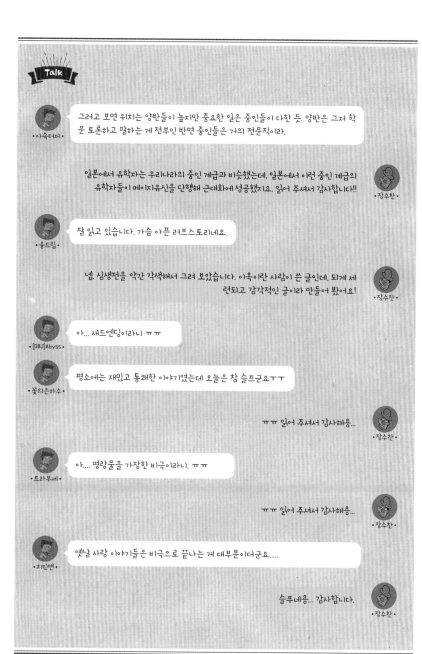

· 아속터저 ·
그러고 보면 위치는 양반들이 높지만 중요한 일은 중인들이 다한 듯. 양반은 그저 학문 토론하고 말하는 게 전부인 반면 중인들은 거의 전문직이라.

· 장수찬 ·
일본에서 유학자는 우리나라의 중인 계급과 비슷했는데, 일본에서 이런 중인 계급의 유학자들이 메이지유신을 단행해 근대화에 성공했지요. 읽어 주셔서 감사합니다!!

· 응드립 ·
잘 읽고 있습니다. 가슴 아픈 러브스토리네요.

· 장수찬 ·
넵, 심생전을 약간 각색해서 그려 보았습니다. 이옥이란 사람이 쓴 글인데, 되게 세련되고 감각적인 글이라 만들어 봤어요!

· [DBJ]Abyss ·
아... 새드엔딩이라니 ㅠㅠ

· 꽃의은하수 ·
평소에는 재밌고 통쾌한 이야기였는데 오늘은 참 슬프군요ㅜㅜ

· 장수찬 ·
ㅠㅠ 읽어 주셔서 감사해용...

· 트라부세 ·
아.... 명랑물을 가장한 비극이라니. ㅠㅠ

· 장수찬 ·
ㅠㅠ 읽어 주셔서 감사해용...

· 치킨맨 ·
옛날 사랑 이야기들은 비극으로 끝나는 게 대부분이더군요......

· 장수찬 ·
슬프네용... 감사합니다.

저 남자 놈 무책임하네요. 부모님한테 허락 받고 정식 부부의 연을 이었어야죠.

ㅇㅇ 맞습니다!

심성 나쁜 놈.. 스토킹해서 받아 줬더니 신분 탓하며 부모 설득 한 번 안하고 저런 식으로 하다니.. 여자는 부모 설득도 하고 극진히 해 줬는데...ㅜㅜ

영영...읽어주셔서 감사합니다!

고전문학을 그리시는 줄 알았는데 검색해보니 역사를 그리시는 분이셨군요^^ 살짝 아쉽지만 재미있게 그리신 만화들 쭉 살펴보려합니다ㅋ 파이팅입니다^^

넵, 얼마든지 사용하셔도 괜찮습니다. 오히려 제가 영광입니다! 반응이 좋은 거 같아서 고전문학 작품도 계속 그려보려고 합니다. 읽어 주셔서 감사해용!!

혹시 이 이야기하고 이생규장전이란 작품이랑 뭔가 연관이 있나요?

이생규장전은 김시습이 지은 한문소설로 금오신화에 수록된 작품이고, 김려(이옥의 친구)의 담정총서에 담긴 심생전은 이옥이 옛날 글방 스승에게 전해 들었던 실화를 바탕으로 쓴 작품으로 알고 있습니다. 읽어 주셔서 감사해용!!

역사 속 이야기 : 월녀와 심생 이야기

신분 상승이 어려웠던 중인 계급

중인(中人)이란 사족(士族)과 일반 양인(良人) 사이에 놓인 계층을 말한다. 넓게는 향리, 서리, 장교 등의 이족(吏族) 부류를 포함하기도 하고, 좁게는 서울에 거주하며 의관, 역관, 일관, 율관, 화원 등의 전문직을 대대로 이어받으며 벼슬살이하던 신분을 의미했다. 흥미로운 사실은 서울에 거주하던 중인들 경우엔 그들만의 '이너서클'을 형성하였다는 것이다. 통혼 역시, 중인 계급 내에서만 폐쇄적으로 이루어졌으며 적서(嫡庶) 구별을 엄격히 하고서는 혼맥을 유지했다. 또, 그들만의 족보인 《성원록(姓源錄)》을 작성하여 정체성도 확고히 하였다. 이와 같은 계급 문화는 서울 사대부들의 그것과 유사하다고 하니, 성리학의 종법적 가족 제도가 중인사회에도 유행한 듯하다.

영조 임금 시절, 홍신유(洪愼猷)라는 인물이 있었다. 그 역시 중인 가문의 후예였지만 박사업(博士業, 과거 공부)을 연구하여 대과에 급제했다. 그가 처음 받은 관직은 교서관(校書館) 부정자였다.[31] 교서관은 조선 후기 들어서 가문이 한미했던 대과 급제자에게만 분관(分館)하던 관청으로, 이곳에 분관되던 자는 당상관 이상의 고위직 진출은 거의 불가능하였다. 이를 전문 용어로 한품서용(限品敍用)이라고 부른다. 보통, 사족 출신 급제자에게는 승문원이나 성균관에 분관하는 것이 통례였다. 그러니까, 교서관에 분관하였다는 것은 신분상 하자가 있었다는 말이다.

---

31 《승정원일기》 1290책 (탈초본 72책) 영조 45년 3월 13일 병신 17/20 기사 참조

유숙의 《수계도권》 ⓒ 개인소장

《수계도권(修禊圖卷)》 – 유숙(柳淑, 1827~1873)의 그림으로 1853년 3월 3일 서울에 거주하는 중인 30인이 남산에 모였는데, 왕희지의 '난정수계(蘭亭修禊)'를 모방하여 시를 지었다고 한다.

이렇듯이, 중인들은 사대부들과 달리 유업(儒業, 선비들이 하던 공부)을 통한 출세가 불가능했다. 그래서 그들은 사익 추구에 골몰했다. 역관들은 무역 중계를 통해서, 계사(計士, 회계사)들은 호조의 재정을 굴려서, 일관(日官, 천문관)들은 달력을 출판하여 재산을 늘려갔다.

사대부를 넘지 못한 중인들

부의 축적은 사대부들과의 교유를 용이하게 만들었다. 붕당정치가 활발하던 숙종 임금 시절에 중인들이 사대부들을 금전적으로 후원했기 때문이다. 그 가운데 대표적인 인물이 다름 아닌 역관 장현(張炫)이었다. 그는 남인 계열 사대부들을 지원하였고, 여조카를 궁녀로 입궁시켰다. 그 궁녀가 바로 희빈 장씨(禧嬪 張氏, ?~1701)다. 그녀의 오라비인 장희재는 희빈 장씨 덕분에 무과에 급제하고, 장신(將臣, 각 군영의 우두머리 장수)의 직책인 총융사(摠戎使)에 이르렀다. 중인 출신으로는 파격적인 일이었다. 또, 사대부 가문과 혼인했던 중인 가문도 있었다. 문학(文學) 이저(李著, 1689~1737)의 후손은 집안이 몰락하여 부자로 소문난 중인 최씨 집안과 혼사를 맺었다[32].

32 《우리 역사넷》 '주제로 보는 한국사' 중인의 삶 中 《최상층 중인 역관과 의관》

그렇다고 해서 중인들이 사대부와 같은 반열에 있을 수는 없었다. 엄연히, 사대부들에게 구속되어 전문적인 일들을 수행했던 것이 중인 계급의 냉혹한 현실이었기 때문이다.

역관은 중인 가운데 가장 지체가 높았던 사람들이지만, 사행 때에는 수석 역관(또는 통사)조차도 사대부들인 정사, 부사 그리고 서장관에게 붙들려가서 볼기를 맞았다고 하니, 신분의 한계에 따른 설움은 어찌할 수 없었다.[33]

✳ 참고문헌
  〈최상층 중인 역관과 의관〉 우리 역사넷, 국사편찬위원회 홈페이지
  (http://contents.history.go.kr/front/ht/view.do?levelId=ht_005_0020_0010)

Part 3

능력과 운으로 출세한 사람들

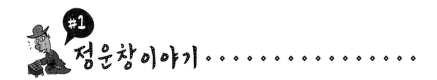

#1 정운창이야기 · · · · · · · · · · · · ·

양란 이후 평화의 시대가 도래하자
미지의 세계를 개척하는 사람들이
등장하게 되는데...

여행에 미친 선비　　꽃을 사랑한 노인

벼루깎는 고관

전라도 보성에 살던 정운창이란 이도
그런 부류중 하나였다.

바둑 두던 사람
어디감?
똥간 가서 빠짐?

ㅠ.ㅠ

바둑에 빠져 10년 동안 바둑판만
끼고 지내다 보니 호남에 그를 대적할
기사가 없었다.

아이고!
재미없다.
이바닥엔
정녕 고수는
없는가?

그래서 운창은 서울로 올라갈
결심을 하게 된다.

그래!
한양에만 가면
조훈현도 있고
이창호도 있고
이세돌도
있을 것이여.

그러던 중 한가지 꾀를 내기로
했는데,

남산에서
바둑대회가
열린다면서?

오호라!

행세 꽤나 하는
고수들이
모두 참가한다네.

수 백리 길을 고생고생하며 올라간
그의 몰골은 말이 아니었다.

주모
국밥 좀
말아주소!

에고고! 웬 거지가 맹랑꼴랑한
냄새를 풍기냐?

바둑판에 무작정 뛰어들어 훈수
놓기로 한 것이다.

그 수는
망하는 수요!!

여차저차해서 어떻게든 한양까지
올라왔지만 거지 몰골의 바둑기사를
상대해 줄 서울 깍쟁이는 없었다.

저랑 바둑 두실
부운!

아이고! 내 비[코:鼻]
비

금산현령을 지낸 정박은 일찍이 바둑
고수로 불렸는데 정운창이 그 옆에서
훈수를 두었던 것이다.

웬놈이 어르신 앞에서
훈수를 두느냣!!

놔두거라

거지꼴의 정운창을 보더니 정박은
초짜 하수를 불렀다.

그대가 바둑을 안다면
이 아이와 겨루어 보시오

아휴 귀여운 놈!

몇 수를 주고받는 걸 본 정박은
게임을 중단시키고 중수의 실력을
가진 사람을 불러 대적게 했다.

요것
봐라?

이쯤이야

10여 착을 두고나서, 정운창의
실력이 보통이 아님을 알고 고수를
불러왔다.

바둑
두는 사람
어디 갔나?
똥간 가서
빠졌을까나

애고고...

세 판 내리 운창이 이기자
드디어, 정박이 나섰는데...

나리!
저녁 먹고 올깝쇼?
날 저물겠습니다.

수가 안 보이네!

장안의 최고수인 정박마저
운창을 이기지 못했다.

내가 졌네

정박 나으리가
패하셨어!

장안의 고수를 물리치자 정운창의
명성이 하루아침에 퍼졌고...

자고 일어나니
유명해졌다.

우흐흥~
이거
실화냥?

바둑 이인자라면 서러워할 정도로 일가견이 있던 훈련대장 이장오도 운창에게 무릎을 꿇었으니...

앳햄!

정국수 한수만 물리세...

안 됩니다.

그의 앞엔 조선 최고의 국수인 김종귀만 남아 있었다.

종귀 이노옴! 어디 있느냐?

당시 김종귀는 평안감사의 비장으로 평양에 머무르고 있었는데, 웬일인지 서울로 갈 때가 되었는데도 눌러앉아 있었다.

비장 나으리 임기 끝났습니까요?

알고 있네... 내가 운창이가 무서워 뭉기적거리는 건 아니야.

하는 수 없이 정운창이 평양으로 가는 뚝심을 보였는데...

종귀 니놈이 안 나오면 내가 쳐들어 간당께ㄸ

평안감영 정문 앞에 죽치고 앉아 칠일을 버텼다.

비장 나으리 서울로 떠난 지 한참 되었소.

내 여기 있는거 다 알고 왔구마! 어서 내놓으쇼

이런 사실을 이방이 평안감사에게 고해 바치니, 감사가 운창을 불러 들였다.

김비장을 찾는다고?

그와 대국을 원하옵니다.

장수찬의 역사툰

139

감사는 일을 재밌게 만들어 보기 위해서 김종귀는 이곳에 없다고 둘러댄 뒤 그보다 조금 낮은 실력을 가진 이와 맞서 보라고 권유한다.

판세를 읽은 감사는 김종귀에게 불호령을 내린다.

사실, 운창과 대국하는 이는 다름아닌 김종귀였다.

종귀의 완패였다. 조선 최고의 기사를 수하로 두었다고 생각한 감사는 성을 냈지만, 정운창이 이긴 사실은 뒤집어지지 않았고...

얼마 지나지 않아, 판세는 운창에게 기울고....

감사는 대국을 둔 이가 종귀임을 밝히고, 운창에게 백금 스무 냥을 상으로 주었다.

140

*백금(白金) : 조선시대 금, 은과 함께 통용되었던 화폐 가운데 하나였다고 한다.

보성에서 올라와 서울서 장안의 고수를 꺾고 다시 평양에서 국수를 꺾은 정운창.

당연히 부와 명예를 거머 쥐었당께!

이판서   김정승

나랑 대국을...

평안감사의 기객이 되어 후원을 받고서 바둑에만 전념을 할 수 있게 되니, 이보다 더 큰 행운이 없었을 것이다.

바둑쟁이가 생계 걱정 없이 바둑에만 몰두할 수 있으니깐요!

*기객 (棋客): 바둑을 전문적으로 두는 사람.

시골 평민 출신으로서 서울로 올라와 신분 고하가 없던 바둑세계에 도전하고선 일약 슈퍼 스타가 되어 부와 명예를 얻었으니...

대감! 한 번 대국할 때마다 100냥이오.

알고말고!

그야말로 18세기 조선이 낳은 기인 중 한 명이 조선의 알파고 정운창이었던 것이다.

Alpha GO

200년 후에 태어났더라면 내가 저 자리에 있었을텐데.

이세돌

– 정운창 편 끝

#원조_프로_게이머 #재능충이_또?
#뭐든지_잘하면_그걸로_먹고_산다 #원조돌겜
244562455바둑알의_한!!! #도장_깨기_잼

그래서 현대바둑 최고수도 호남에서 계속 나오나 보군요.
조훈현 - 이창호 - 이세돌.

· 군자지도 ·

네, 호남이 바둑의 풍패지향이더라구요~~

· 장수찬 ·

재밌게 봤습니다. ^^ 호남 바둑의 계보가 알고 보니 조선시대에서 유래된 거네요.

· 익명독자 ·

호남바둑의 계보가 조선시대부터 있었던 게 학술적으로도 증명된 걸로 보여집니다.
감사합니당.^^;

· 장수찬 ·

조선에서는 바둑을 많이 두었나 보네요?

· 익명독자 ·

네, 그런 거 같습니다. 다산 정약용 선생께서 쓰신 목민심서를 보면, 지방관들이 지방
관속들에게 업무를 죄다 맡기고, 바둑과 같은 잡기에 몰두하던 세태를 병통으로 지
적하는 것을 볼 때, 세간의 바둑 인기는 꽤 컸던 거 같아요!

· 장수찬 ·

바둑 말고도, 다른 잡기들도 소개해주세요!

· 스마일리 ·

바둑이 그나마, 건전한 취미였습니다. 가장 문제가 된 것은 투전놀이였지요. 이 투전
놀이는 숙종 임금 때 역관인 장현이라는 자가 청나라에서 수입해 왔다는 설과 임란
당시, 명나라 군사들이 조선에 전래시켰다는 말이 있는데 모두 확실치 않습니다. 중
인 역관배들로부터 퍼진 이 투전 문화가 양반층과 평민 그리고 천민층까지 확대되
어, 놀음으로 인해 패가망신한 이들이 부지기수로 많았다고 합니다.

· 장수찬 ·

142

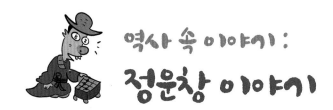

역사 속 이야기 :
정운창 이야기

한민족의 오락 문화가 된 바둑

게임 시장 규모가 10조에 이르는 대한민국의 위상은 가히 '게임 종주국'이라 불려도 어색하지 않다. IT 산업의 발달과 함께 온라인 게임 산업 역시 비약적으로 발전했고, 게임 산업은 주요한 수출 효자 종목이 되었다. 이러한 오늘날 우리나라의 게임(오락) 문화도 어느 날 갑자기 출현한 것은 아닐 것이다. 그 연원(淵源)을 과거에서도 찾아볼 수 있을 터! 수천 년 동안 한반도에서 유희(遊戲) 문화의 한 축을 담당한 바둑이야말로 우리 민족의 오락 유전자를 구성하는 데에 중요한 역할을 했으리라.

중국의 당 현종은 '기대조(棋待詔)'라는 관직을 두었는데, 이는 황제의 바둑에 응대하는 관직으로 당대의 바둑 최고수에게 헌정되는 자리였다고 한다. 동양 문화권을 공유한 우리나라에서도 이러한 바둑 최고수가 없을 리 없다. 기록 문화가 상세한 조선 시대에 들어서 바둑 고수에 대한 전기(傳記)나 기사(記事)들이 소소하게나마 문인들의 문집에서 보이는데, 그 가운데 처음으로 등장하는 이가 바로 '덕원령(德原令)'이라는 사람이다.

왕족인 덕원령은 단순히 여가(餘假)의 잡기로 바둑을 좋아했다고 한다. 여기에 주목할 만한 점이 있다면, 명나라 사신이 조선으로 올 때 중국의 기객(棋客)들도 사신단 일원으로 정사(正使, 사신단의 우두머리)를 시종하였는데 덕원령은 공격형 바둑 기술로 이들을 잘 대적했다고 한다.[34]

전문 프로 기사가 등장하다

여기(餘技, 전문적이 아니고 틈틈이 취미로 하는 재주나 일)에 불과했던 바둑이 조선 후기에 들어서자 인기가 날로 높아져 바둑을 직업으로 삼은 전문 바둑꾼들이 등장한다. 바로 정운창(鄭雲昌)이 프로 기사의 관문을 개척한 첫 번째 인물이었다. 척재(惕齋) 이서구(李書九, 1754~1825)의 《기객소전(棋客小傳)》과 문무자(文無子) 이옥(李鈺, 1760~1812)의 《정운창전(鄭雲昌傳)》에 그의 삶이 상세하게 언급되고 있다. 이때 빠지지 않는 사실이 그의 출신지 전라도 보성이다.

---

34 출처: 김도수, 〈기자전(棋者傳)〉, 《춘주유고》

장수찬의 역사툰

오늘날 대한민국에서 가장 많은 국수(國手)가 탄생한 곳이 호남 지역이니, 당시 문인들도 이 지역에서 많은 기객들이 출현한 점에 강한 인상을 받은 듯하다.[35]

정운창은 보성군의 평민으로 태어나 집에서 10여 년간 바둑만 두었는데, 호남에서 더 이상 대적할만한 기사가 나오지 않자 한양으로 올라왔다. 《정운창전》에 따르면, 처음 한양에 올라왔을 때 거지 몰골을 한 그를 상대해 주는 사람이 아무도 없었다고 한다. 그래서 정운창은 바둑 대회에 나가 한 가지 꾀를 생각해 내고 당대의 고수 정박(鄭撲)과 판을 벌이게 된다. 정박과의 세 판 승부에서 모두 이긴 정운창은 하루아침에 그 명성이 장안에 퍼지게 되었다. 이옥의 《정운창전》에선 정운창이 마치 혜성과 같이 바둑계에 등장했다고 한다.

그 후, 정운창은 장안의 고수들을 차례로 격파해 나갔고, 급기야는 이인자라면 서러워할 정도로 막강한 실력을 지닌 훈련대장 이장오(李章吾)마저 꺾는 파란을 일으킨다. 마지막 남은 고수는 다름 아닌 김종귀였는데, 그는 평안 감사의 비장(裨將)에 낙점되어 관서 지역(關西, 오늘날 평안도 지역)에 머무르고 있었다.

《위기도(圍棋圖)》 ⓒ 국립중앙박물관 소장

35 출처: 안대회, 〈조선의 奇人·名人 | 國手 정운창 | 오묘한 棋理 깨우쳐 八道 호령한 진정한 프로기사〉, 《신동아》, 2004년 7월호

《위기도(圍棋圖)》 – 19세기 작품으로 선비들이 소나무 아래에 모여 앉아 바둑을 두는 장면을 그린 것이다. 바둑은 조선 시대에도 대중성이 높은 오락 문화였다.

국수를 꺾고, 슈퍼스타가 되다

정운창은 마지막 남은 산을 오르기 위해 평안 감영을 찾아가는 뚝심을 발휘한다. 꼬박 일주일을 기다린 후에 김종귀와의 대국을 성사시킨 그는, 감사가 만들어 준 기회를 놓치지 않고 김종귀를 여유있게 꺾었다[36].

그러고선 마침내 당대의 국수로 등극하게 된다. 이렇게 정운창은 보성에서 한양으로, 또 한양에서 평양까지, 종횡무진으로 돌아다니며 당대의 고수들을 각개격파하고 명예를 거머쥐었다.

그 후, 정운창은 고관대작들의 기객(棋客)이 되었고, 그들과 대국하며 생계를 이어나갔다. 여러 바둑대회에 초청돼 기량을 뽐내고 명성을 떨쳤으니, 오늘날 프로 기사와 하등 다를 게 없는 행보다. 신분 고하가 없는 반상(盤上)의 세계에서 오직 실력만으로 최고의 자리에 오른 정운창. 그가 지금 대한민국에 태어났더라면, 천재기사 이세돌의 위상만큼이나 바둑계를 호령하고 다녔을 것이다.

✳ 참고문헌
이서구, 《기객소전(棋客小傳)》
이옥, 《정운창전(鄭運昌傳)》
안대회, 《조선의 프로페셔널》, 휴머니스트, 2007
안대회, 〈[조선의 奇人·名人] 國手 정운창 | 오묘한 棋理 깨우쳐 八道 호령한 진정한 프로기사〉, 《신동아》, 2004년 7월호
정하정, 〈조선 후기 바둑 유행에 따른 문학적 변모 양상〉, 한국어문학국제학술포럼

영조임금과 나무꾼 이야기 · · · · · · · · · · ·

조선 21대 국왕인 영조 임금은
침방나인이던 숙빈 최씨 아들이라,

*침방나인: 옷을 짓는 침선방 궁녀로
하급 궁인중 하나.

사대부들에게 희롱 당하기 일쑤
였다고 해.

왕자 시절, 영조가 궁으로 입궐
하다가 길에서 한 대신(大臣)
을 만났는데. . .

*대신: 1품 이상의 관료.

앞에 있어도 길을 비켜주지
않았어.

대신의 행동에 큰 모멸감을 느꼈지만
왕자 체면을 지키기 위해 아무말을
하지 않고...

다른 길을 통해서 궁으로 들어
갔지.

천한 어머니로 인해 몹쓸 일을
당하지만 영조는 굉장한 효자
였다더라.

* 회귤유친(懷橘遺親): 육적이 어머니를 위해 귤을 품에
넣은 고사를 말한다. 효자의 아름다운 행실을 비유하는
사자성어로 출전은 《삼국지》의 〈오지 육전전〉이다.

하루는 영조가 어머니인 숙빈
최씨를 모시고 있었는데...

나인으로 있으면서 어떤 일들이 가장 힘들었는지 물어보았지.

중누비.오목누비 납작누비 다어렵지만, 세누비가 가장어려웠지요

아뿔싸! 지금 입고 있는 옷이 세누비옷 아니던가?

누비옷 짓다 허리 굽고 열 손가락 헐었습니다.

아! 소자는 이 몸 하나 편하고자 그 놈의 세누비옷을 입고 있건만...

어머니의 고생을 가슴 깊이 느낀 영조는 평생 누비 옷을 지어 입지 않았다더라.

이망할놈의 누비옷 내 평생 절대 입지 않겠다

우여곡절 끝에 왕 노릇을 하게 된 영조는 신하들에게 무시 당하지 않기 위해 공부에 집중했는데...

봉황이 울고 흰망아지가 풀을 뜯는 세상을 만들자

*명봉재수백구식장 (鳴鳳在樹白駒食場) : 성군이 나타나면, 그 나라에 봉황이 날아들고 흰 망아지가 뛰어 논다는 <시경>의 구절에서 유래. 천자문에도 나온다.

이는 신하들과의 싸움에서 지지 않기 위한 영조의 자기 방어이기도 했지.

오늘은 과인의 공부가 부족한 거 같아서 야대를 하려하오.

저놈들을 이기려면 똑똑해져야 한다

신들도 퇴근을 하고 쉬어야 하는데...

* 야대 : 조선시대에 왕이 신하들과 함께 모여 공부하던 정규 강의 외에 밤에 시행하던 비정규 강의.

숙빈 최씨는 사후에 아들이
왕이 되었음에도 불구하고,

고생만 하시다
돌아가신 우리
어머님!
소자가 왕이
된걸 보시지도
못하고...

일체의 예우도 받지 못하고
있었어.

우리엄마
왜 무시하냐?

민씨家가
종년
이니깐요

*숙빈 최씨는 인현왕후 민씨를 따라 궁으로
들어왔다고 한다.

이를 평생의 한으로 여긴 영조는
숙빈을 추숭하기 위해 신하들과
전쟁 아닌 전쟁을 벌였는데...

어머니묘를 원으로
승격하려하오

안됩니다

연산군,광해군
모두 했는데
어찌 과인만
안 되느냐?

나의 효심을
보이려 한다

폭군을
본받으시
려구요

선왕껜
불효입니다.
숙종 임금도
안 하신일!

무려 삼십 년을 신하들과 싸우며
소령묘를 소령원으로서 승격 시킬 수
있었지.

반대하던
신하들이
모두 저세상
으로 가부렀쓰

끝까지
살아남는 놈이
진정한 승리자닷!

영조 임금은 여기에 만족하고
왕비의 무덤인 '능'까지는
고집하지 않았다고 해.

이런 영조가 하루는 궁 밖으로
미행을 나가 서대문을 산책
하고 있었는데. . .

시골 나무꾼이 향나무를 내려
놓고 살 사람을 찾고 있었어.

마침 영조가 그것을 보고선
궁궐의 후원에 심어 놓으면
아름다울 거 같아서. . .

나무꾼에게 어디서 캐왔는지
물어보았다고 하더라.

고령산에서
캐왔슈~~

고령산이면
어머님의
무덤있는곳
인데...

짐짓 모르는 체하며 고령산이
어디 있는 곳이냐 묻자...

고령산이
한두곳도아니고
어디?

우리 상감
모친묻힌능이
있는곳요!

내심 능이라는 말에 흐뭇했
던 영조는 다시 한번 나무꾼
에게 되물었지만...

능이라능

지금 임금의
생모가 계신곳이
능이란
말이요?
원이 아니라?

무식한 나무꾼은 능과 원을
구분하지 못하고선 박박
우겼지.

신수가 멀쩡한
양반이
임금님 어머니가
묻힌 무덤이
능이란 것도
몰라옷?

나 감동먹었어
평생 듣고 싶었던
말을 여기서 듣다니!

기분이 좋아진 영조는 대궐
구경 한번 해 주려 나무꾼을
데려가는데...

따라오게
내가
다사
줌세

진짜요?

촌뜨기 나무꾼은 그곳이
경희궁인 줄도 몰라서...

우왕!
집이 으리으리

대감님인가
부다

임금을 모시던 선전관에게
노인이 누구냐고 물어보자..

저 대감님은
누구세염?

이놈아! 주상전하도
모르더냐?

*선전관:조선시대 형명·계라·시위·전명 및 부신의
출납을 맡았던 무관직으로 요직 중에 하나.

나무꾼은 그제서야 현실 파악을
하고서 경칠 일만 남았다 생각
했지.

상감님
이라고욧?

그래

띠용!

이윽고 곤룡포를 걸치고 익선관을
쓴 영조가 나타나자...

그랴
궁궐 구경은
잘 했느냐?

나무꾼은 땅에 푹 엎드린 채
목숨만은 살려달라고 애걸복걸
했다고 해.

코를 박고
죽고 싶습니다

어찌 코박죽은
시전하고 그러냐?

영조는 빙그레 웃으며 향나무를
어디서 가져왔느냐고 묻자...

절대루
능에서 캐온 것이
아니옵니당

오냐오냐

능에서 가져온 것이 아니라며
극구 부인했다더라.

능이라

능은 아니
옵니다
능은 아니옵
나이다

뿌듯
뿌듯

소령원을 자꾸 능이라고 불러
주는 나무꾼이 기특했던 영조
임금은...

능청지기 시켜 주면 잘 할 수
있겠느냐 물어봤지.

고령산 근처 소령원 원 지기는
나무꾼들에겐 하늘같은 존재
였기에 나무꾼은 군말이 없이
받아들였고...

원지기야 하인들에게나 주었던
잡일이라 신하들의 반대가 없을
것이어서 영조 임금은 나무꾼에게
어머니의 산소를 맡겼어.

나무 팔러 갔다 영조의 효심
덕분에 뜻밖의 횡재를 했던
나무꾼!

그는 그렇게 정규직 공무원이
되어 이쁜 색시도 얻고 평생
행복하게 잘 살았다 하더라.

영조 임금님
아주 칭찬해.

− 영조 임금과 나무꾼 끝

#기승정규직 #나무꾼 빅픽처 꿀잼 #주인공이 힘숨찐 하는 만화 #등용야사 #효자 아들 굿 #무식해서 특채
되신 분 #사도세자: 아빠 나 왜죽였어? #인생은 역시 한방! #부모님께 효도하자

· 파신 ·
역사툰은 닥추하고 봅니다.

· 장수찬 ·
감사합니당!!

· 물고기버거 ·
재미있네요 ㅋㅋ 코박죽도 나오다니 ㅋㅋㅋㅋ

· 장수찬 ·
감사해요!! 재밌게 만들고 싶었어요!

· 닐리리꽁치 ·
재미있게 잘 봤습니다. 영조 임금의 개인사를 생각해 보면 참 복잡한 심경이 드네요. 능과 원을 구분 못해 무조건 능이라 할 뿐인 나무꾼 말에 뿌듯해 했을 그 입장을 생각해 보니 또 짠하고요.

· 장수찬 ·
네, 맞습니다! 사실, 영조와 숙종 임금의 관계를 생각하면, 혈연적으로는 아버지가 맞지만… 영조는 경종처럼 세자도 아니고 엄연한 서자이므로 호부호형이 가능한 것은 아니었고, 법적으로 숙종과는 부자관계라고 하기보단 군신관계라고 표현하는 게 더 맞겠지요. 이러한 현실 속에서 사실상 동복형제도 없었던 영조가 의지할 곳은 어머니밖에 없었을 것이고, 세상의 전부라고 표현해도 과장이 아니었을 겁니다. 그런 어머니의 묘소를 능으로 불러 주는 사람이 있다는 걸 알았을 때 그 기쁨은 형용하기 어려울 정도로 컸을 거예요.

· 꽃의은하수 ·
게장대왕 영조ㅋ 영조도 한 30~40년 정도만 재위하고 선위했으면 더 좋은 임금으로 남았을텐데…

· 장수찬 ·
네, 제 생각도 똑같습니다. 영조 치세를 총체적으로 생각해보면, 후반기는 사실상 노론, 외척 세력에게 넘겨주고 무기력했다고 말해도 과언이 아닐 겁니다. 딱, 30년 정도 하고 소론과 친했던 아들 사도에게 넘겨 주었으면 조선 말기 횡행했던 노론 외척의 발호가 크지 않았을 거라는 생각도 드네요.

· 가자영이니 ·
오, 도일처의 유래가 저기서 나오네요. 예전 드라마 상도에서 나오던 만두집인데 ㅎㅎ

· 장수찬 ·
네, 맞습니다.

154

·기억지기·

애정이 듬뿍 들어간 한국사 이야기 너무 따뜻하고 재밌어요. 감사드립니다.

말씀 정말 고맙습니다.

·장수찬·

·식윤RanomA 탱율팁·

선조도 저런 얘기가 있었던 거 같은데... 덕흥대원군을 추존하지 못했고, 그래서 덕흥대원군 묘 근처에서 나무나 숲을 해오는 사람에게 덕릉이라고 하면 밥도 사 주고 값도 후하게 쳐 준다는 소문을 내게 해서 사람들이 덕릉, 덕릉 부르게 해서 지금은 덕흥대원군묘보다는 덕릉이라는 지명이 더 많이 남았다고 하네요. 본문의 얘기가 이리 전래되고 저리 전래되면서 여러 버전을 낳은 거 같네요.

네! 나무꾼 이야기도 야사라서, 이리저리 구전으로 오르락내리락했을 거예요!

·장수찬·

·LG大路·

영조 대왕(임금)의 효심에 저도 모르게 눈물이 흐릅니다. 천한 신분의 어미를 둔 가장 고귀한 신분이 어찌 저렇게 효성을 다했을지... 감사하고 너무나도 재미있게 보았습니다.

·계란후라이·

우와 감사합니다. 정말 재미있어요!! 매번 정치와 전쟁만 다루는 사극이 아니라 이런 소소한 얘기로 꾸며나가는 사극 있으면 정말 좋겠네요!!!

·Vajra·

우왕 너무 재밌어요... 출판사 접촉해서 꼭 출판하셨으면 좋겠습니다.. 저도 꼭 살게요. 잘 봤습니다...

·식윤RanomA 탱율팁·

그나저나 숙종이 연잉군을 매우 총애해서, 장희빈의 아들 경종을 몰아내고 연잉군을 후계자로 삼기 위해 이이명과 독대도 했고, 그 시도가 좌절됐어도 현직 임금 경종 시절에 노론이 감히 임금에게 한밤중에 압박을 넣어서 연잉군을 세제로 삼을 정도였는데, 연잉군을 저렇게 무시한 건 사실이려나요.

서인들의 혈맥을 살펴보면, 연잉군이 무시당한 게 이해되실 듯합니다. 인조 반정을 통해 서인 정권을 창출한 그들은 대대로 왕실과 혼인을 했습니다. 그중에는 적녀였던 공주들의 외손들도 많았는데, 혈통으로 따지면 천출의 서자 연잉군보다 더 떳떳해 보이기도 합니다.

·장수찬·

조선왕조 21대 왕 영조(英祖, 1694~1776) 임금은 궁녀의 소생이라는 이유로 사대부들에게 심한 놀림을 받았다고 한다. 영조 임금이 왕자 시절, 이들에게 면박당한 사건은 실록에도 실려 있다.

"나는 번저(藩邸, 임금이 왕위에 오르기 전 기처하던 집)에서 입승(入承, 대군이 아닌 왕자가 왕위를 계승함)하여 궁중(宮中)에서 생장(生長)하였으므로 일찍이 예(禮)를 읽지 못하였고, 다만 조종조(祖宗朝)의 예법(禮法)을 따랐을 뿐이다.

일찍이 경자년 대상(大喪) 뒤에 전도(前導, 행차 시 앞으로 이끄는 하인) 없이 대궐로 가다가 길에서 대신(大臣)을 만났는데, 앞에 있으면서 끝내 길을 비키지 않았기 때문에 내가 뒤따라가지 않으려고 피하여 다른 길로 갔었다. 내가 왕자인데도 오히려 이와 같았다. 돌아보건대 지금 나라에 저사(儲嗣, 왕위 계승자)가 없고 종실(宗室)은 고단(孤單)하여 세력을 부릴 만한 기운이 없는데 또 제재하고 억누르고자 하니, 내가 붙들어 주지 않으면 누가 다시 돌아보겠는가? 하였다.
– 《영조실록》36권, 영조 9년 11월 7일 갑신 2번째 기사 –

《연잉군 이금(李昑) 초상》 ⓒ 국립고궁박물관 소장

이렇듯, 콤플렉스가 심했던 영조 임금은 태생에 대한 하자를 극복하기 위해 끊임없이 어머니의 추숭을 시도한다. 무려, 삼십 년을 투쟁한 끝에 어머니의 묘호를 한 등급 높은 원호(園號)로 고치는 데 성공했다.

민생에도 관심이 컸던 그는, 부왕 숙종 임금이 그랬던 것처럼 미복 차림으로 잠행을 즐겼다고 한다. 대체로 연잉군 시절, 사저에서 생활한 경험도 있고 궁녀의 아들인지라 같은 처지(?)로 동질감을 느꼈는지는 모르겠지만, 민국 정치(民國 政治, 일반 백성을 위한 정치)를 국정 운영의 방점으로 놓고 있어서 백성의 질고 역시 무척 신경을 썼을 것이다.

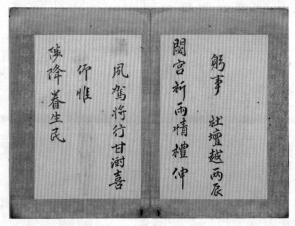

영조 임금의 친필이 실린 《어제갱화첩》 ⓒ 국립중앙박물관 소장

영조 임금의 친필 어제 시,

몸소 사직단에 올라 기우 의식을 행하고, 두 차례의 진시(辰時)를 지냈도다.
종묘에서 비가 오길 기원하며 정례(情禮)를 펼쳤노라.
새벽 일찍 어가를 몰아가려던 차에 단비가 내려 나를 기쁘게 하더니,
조상 영령께서 뭇 백성들을 돌아보시는 거라고 우러러 생각할 뿐이네.

나무꾼 일화 역시, 이와 관련된 야사로, 조선 후기에 편찬된 편자 미상의 야담집《계압만록(溪鴨漫錄)》에 수록되어 있다. 최고 권력자의 궁궐 밖으로의 미행은 비단 조선에만 있었던 것은 아니다. 청나라 황제인 건륭제 역시 미복잠행을 무척 즐겼던 것으로 유명하다.

1752년 섣달 그믐날, 잠행에 나섰던 건륭제는 궁으로 돌아오는 길에 자금성 근처 식당가를 찾았는데 늦은 밤이라 딱 한 곳만 영업하고 있었다고 한다. 그곳에서 맛있게 야참을 즐긴 건륭제는 밤중에 문을 연 까닭을 주인에게 물었다. 주인이 말하길 "황제께서 국사를 돌보기 위해 밤낮을 가리지 않는데, 혹시 자금성을 찾는 백성들이 허기를 채우지 못한다면 이것 역시 황제의 어진 정사를 위한 장사치의 도리가 아니다."라고 대답했다.

기분이 흡족해진 건륭제는 주인에게 식당의 이름이 무엇인지 하문했는데, 주인은 아직 상호를 짓지 못했다고 한다. 건륭제는 아무 말 없이 궁으로 돌아갔고, 며칠 후 사람을 보내 '도일처(都一處, 도성 내 유일한 곳, 중국어 발음으로는 두이추)'라는 편액을 하사했다.[37]

이곳이 황성 내 제일의 식당으로 부상했음은 두말할 필요가 없다. 오늘날까지 성업하고 있으며, 아직도 사람들의 발길이 끊이지 않는다고 한다.

18세기 동시대를 살았던 조선 왕과 청나라 황제가 미복잠행을 즐겼다는 점은 참으로 특이하다. 또, 미행 중에도 일반 백성들을 향해 은사(恩賜, 임금이 백성에게 물건을 내려 주는 행위)를 베풀었다는 것 역시 흥미롭기만 하다.

 참고문헌

《조선왕조실록》, 국사편찬위원회, 조선왕조실록 홈페이지(http://sillok.history.go.kr/)
홍인표, 《[홍인표의 차이나칼럼] 중국의 '십자가 전쟁'》, 《경향신문》, 2014.1.12
윤태욱, 《[중국음식기행] '황제의 밥상을 받다.'》, 《주간조선》, 2184호

37 출처: 홍인표, 《[홍인표의 차이나칼럼] 중국의 '십자가 전쟁'》, 《경향신문》, 2014.1.12
출처: 윤태욱, 《[중국음식기행] '황제의 밥상을 받다.'》, 《주간조선》, 2184호

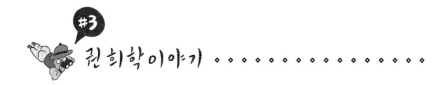
조선 숙종 때 일이다. 안동골에 권희학
이란 사람이 살고 있었는데...

사람이 출세하려면
글공부를 해야
되는기라!

찍찍

어찌 이 집구석은
쌀 한톨도 없징 ?

한 번 본 것은 잊지 않았고, 임기응변에
특출나 집안 사람들의 기대를 잔뜩받고
있었다.

안녕하시오.
삼촌!!

똑쟁이 희학이구나!
그랴,...그 꼬부랑 글씨는
잘 외워지느냐?

하지만, 밥을 빌어먹을 정도로 가난해
공부를 지속할 수 없었던 터라, 자신의
운명을 받아들여 관아의 심부름꾼으로
들어갔다.

이놈아.
우리 형편에 무슨
글공부 하노?
관가로 들어가
입에 풀칠이나
이니.

알것습니다.
지도 지 주제를
알고 있소!

그러던 중, 희학은 자신의 팔자를
고쳐 줄 일생일대의 '은인'을 만나게
되는데...

물렀거랏—
신관사또 행차
이니라 ㄸㄸ

다음아닌, 안동사또로 부임한 명곡
최석정이었다.

지천 최명길의 손자.
9차 직교 라틴 방진을
세계최초로 발견한
천재 수학자.
스위스 수학자인 레오나드
오일러보다 61년 앞선
결과라고 한다.

영의정을 8차례나 역임한
최석정

* 9차 직교 라틴 방진: 일명 마방진이라고도 하며 9행 9열로
가로, 세로, 대각선 합이 369로 항상 같다. 최석정의 저서
인 《구수략(九數略)》에 실려 있다.

천재는 천재를 알아본다고, 최석정은
심부름꾼 희학의 높은 재주를 눈여겨
보았다.

머리가
보통이 아니구나

암산 中
뚝뚝뚝

210809 X 3182
은 670,794,238
이로군

희학이 시골 아전 촌뜨기로 평생 늙어
죽을 걸 안타깝게 생각한 최석정은
근무를 마치고 서울로 데리고 갈 결심을
한다.

저런 인재를 촌구석에
썩히는 건 국가적으로도
큰 손해닷!
내가 저 녀석을 동량지재로
키워보겠노라.

* 동량지재(棟梁之材): 한나라나 집안을 떠받들어 이
끌어갈 젊은이를 이르는 말.

똑똑한 희학은 최석정에게 몇가지
제안을 하게 되는데...

희학이 너
나를 따라 서울
구경 하겠느냐?

조건이
있사옵니다.

사또께선
저에게 옷과 밥을
주시겠습니까?

그건 그리
어렵지
않다

최석정을 따라 베이징 유학까지
다녀온 희학은...

천하의
도회지로다!

저를 아들처럼
교육 시켜주시나이까?

너를 사대부 자제와 같이
후대하겠노라!!

학식으로보나, 견문으로보나 더 이상
안동골 촌뜨기 권희학이 아니었다.

왕사정
같은
학자는
요새
어떤가?

그 사람들은 벌써 유행이 지났네.
요즘 청국에서 유행하는 작품들은
전겸익이나 김성탄의 저작이라네.

그렇게 다짐을 받아놓고서 희학은
비로소 최석정을 따라 서울로 올라
갔다.

희학이 너는 서울 가기 전에
어서 부모님께 가서
큰절을 하고 오너라!!
그것이 선비의 첫걸음이니라.

흑흑
알겠사와요─

그러자, 그의 가슴속엔 출세의 야망이
불타오르기 시작했다.

에헴

내가 저 양반
자식들보다
못한 것이
무엇이 있나?
학문이
모자른가?
아니면 견문이
좁은가?

아이고
나으리

최석정의 깊은 후원을 받아, 사대부
자제들과 같이 공부하고...

지위가 가장 높은 천자로부터
신분이 가장 낮은 서인에
이르기까지 똑같이 수신을
근본으로 삼느니라.
─내 릭씽 中

권희학

이런 희학의 숙원을 단박에 풀어 줄
극적인 사건이 발생하는데...

다음아닌, 이인좌의 난이
터진 것이다.

이인좌
(1694 ~ 1728)

금위영 하급장교로 근무하고 있던,
희학은 토벌 사령관인 오명항의 막하
군관이 되어 출전하게 되었다.

뛰어난 두뇌로 토벌군의 작전 기획을
전담하던 희학은...

세작을 침투시켜, 반란군 첩자를
사로잡고...

반군 적진에 직접 들어가 진영을
완벽히 이해하기도 하며...

안성에서 대회전을 이끌어 내는데
결정적인 전공을 세우게 되었다.

기병(騎兵)은
돌격하라!

이인좌의 반란을 진압한 후 희학은
분무공신 3등에 책록되고...

수훈갑성 분무3등공신
권 희학 이옷

수고 했도다.

영조 임금
(당시 35살)

성은이
망극하여이다

종2품 가의대부, 화원군으로 진봉되어
완벽한 신분상승을 이룬다.

화원군 영감
감축 드리옵니다

아...

드디어...
이 몸도 그토록
원하고 원하던
조선의 사대 부가
된 것인가?

희학은 이런 출세에도 불구하고
머리를 바짝 숙이고, 처신도 검소하게
행하니...

勿忘在莒
(물 망 재 거)
이로다ー!

제나라의 환공도 거나라로 망명하여
고생한 때를 잊지않았지.

* 물망재거(勿忘在莒): 어려웠을 때를 잊지 말고 항상 경
  계하라는 뜻으로 출전은 《사기》〈전단열전〉이다.

상대편의 시기와 질투도 피해가며
여덟 지역의 사또를 역임하고는 선치
수령으로 이름을 날렸다.

운산군수
장련부사 등을
역임.

노론
세력

소론 계열에 몸담고 있던
권희학

절대로 백성을
탐학하지 말라

이방

반면, 같은 분무공신으로 출세한 박찬신은
가렴주구와 사치 등의 전횡을 이어가고
결국 을해옥사의 역모에 걸려들어 비참한
최후를 맞게 되었다고 한다.

미천한 놈이
공신이 되어
호사를 누렸으니,
여한은
없을 것이야.

낄낄

박찬신

노론

노론의 그물망에 제대로
걸려 들었도다!

장수찬의 역사툰

······
163

희학은 자신의 분수를 알아, 만년엔 고향으로 낙향했으며...

개천에 나 용이 된 권희학. 그의 성공으로 평민 사회에서 나도 할 수 있다라는 분위기가 형성되어, 조선 후기 신분 변동에 큰 영향을 주었다고 한다.

자신을 길러준 은인인 명곡 최석정의 문집을 사비를 들여 간행하는 등 인간적인 면모도 보였다.

권희학편 끝 —

권희학이 죽자 영조 임금은 그의 화상을 가져오도록 해, 9일 동안 벽에 걸어 두고 바라보았다.

정말 수고했다!

#역사만화추 #조선판_개룡남 #금수저가_된_흙수저 #똑똑이_권희학 #_사다리를_걷어찬_대한민국_잘.하.자

•구차니스트•
본래 머리가 좋은데 운 좋게 연줄과 기회도 잘 잡아 출세한 입지전적 인물의 전형이 군요. 잘 봤습니다. 추천

•장수찬•
시작은 초라하였으나, 끝이 창대했던 인물이 권희학이더라구요. 감사합니당!!

•teatime•
오늘 내용에는 신기전을 이용한 전투 장면도 나오고 매우 스펙타클하네요... 권희학, 영민함으로 출세하고도 현명하게 겸손을 지켰던 그러면서도 인간적인 분이셨군요.

•장수찬•
감사합니당!! 무신란(이인좌의 난) 당시, 서울에서 내려온 군대가 신기전 즉, 화차를 끌고 와서 반군의 기세를 꺾었다는 사실이 사서에 기록되어 있어서 그려 보았습니 당. 지금이나 옛날이나 강력한 화력이야말로 최고의 전술무기인 거 같습니다. 감사합니다.

•캐미치해로•
'재승박덕'이라는 말이 있습니다. 재주는 좋으나 덕이 부족하여 인연이 잘 닿지 않는 사람들을 말합니다. 능력있는 이들이 생각을 잘못하면, 힘이나 돈있는 세력들의 뒤를 봐주면서 더 안좋은 상황으로 떨어지는 경우가 많습니다. 사람이 살아가는 데에는 재주도 중요하지만 덕이 참 중요한 것 같습니다.

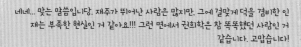**•장수찬•**
네네... 맞는 말씀입니당. 재주가 뛰어난 사람은 많지만, 그에 걸맞게 덕을 겸비한 인재는 부족한 현실인 거 같아요!!! 그런 면에서 권희학은 참 똑똑했던 사람인 거 같습니다. 고맙습니다!

•ivyeconphd•
정말 재미있게 잘 보고 있습니다... 최석정 과연 그 할아버지에 그 손자네요... 정말 훌륭한 분이신 듯... "민중은 *돼지다"라는 말이나 했던 누구와는 비교도 안 되는...

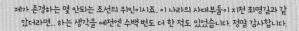**•장수찬•**
제가 존경하는 몇 안되는 조선의 위인이시죠. 이 나라의 사대부들이 지천 최명길과 같았더라면... 하는 생각을 예전엔 수백 번도 더 한 적도 있었습니다. 정말 감사합니다.

•목동홍련•
윗분 댓글처럼 네이버 베스트 도전해 보는 거 어떤가요? 불펜에만 보이기엔 너무 아깝습니다.

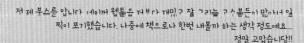**•장수찬•**
저 제 부족을 압니다 네이버 웹툴을 저부다 재밌고 잘 그리는 고수분들이 많아더나 일 찍이 포기했습니다. 나중에 책으로나 한번 내볼까 하는 생각 정도예요... 정말 고맙습니다!!

역사 속 이야기 : 권희학 이야기

개룡남의 모범이 된 권희학

권희학(權喜學, 1672~1742)은 이른바 개천에서 용이 난 '개룡남'의 전형이다. 경상도 안동부 아전의 자식으로 태어난 권희학은 안동 고을의 심부름꾼이었지만 한 번 본 건 잊지 않았고, 어떤 상황에서도 임기응변이 뛰어났다고 한다. 권희학은 똑똑하고 영리한 아이로 집안의 기대를 잔뜩 받았으나, 가난한 형편에 공부를 지속할 수 없었다.

그러던 중 안동부사로 부임한 명곡 최석정(崔錫鼎, 1646~1715, 병자호란 당시 주화파의 대명사 지천 최명길의 손자)의 눈에 우연히 띄게 된다. 이런 천재적인 소년을 시골에 묻혀 두기가 아까웠던 최석정이 권희학을 서울로 데려가기로 한다. 재능을 펼치지도 못하고, 시골 아전으로 살 수밖에 없었던 권희학은 뜻밖에도 자신의 팔자를 바꿔 줄 대인을 만나게 된 것이다.

명곡 최석정 초상화(보물 1936호) ⓒ 국립청주박물관 소장

서울로 올라가기 전 권희학은 최석정에게 이런 말을 한다.[38]

"사또께서는 저를 먹여 주시렵니까?"

"그리하마."

"사또께서는 저에게 옷을 주시렵니까?"

"어렵지 않다."

"사또께서는 저를 사람으로 만들어 주시렵니까?"

"너를 후대하겠노라."

권희학은 세 가지 다짐을 받고 비로소, 안동을 떠나 서울로 올라갔다고 한다. 먹여 주고 재워 준다는 뜻은 부자간의 의를 맺는 것이고, 사람으로 만들어 주겠다는 뜻은 아전의 자식이 아닌 양반 자제로서의 고등교육을 받게 해 주겠다는 의미였다.

영의정만 여덟 번을 지낸 최석정의 후원 아래, 서울의 대갓집 사대부 자제들과 교류를 했고 최석정을 따라 베이징 연행 사절의 수행원으로까지 다녀왔으니 학식으로 보나, 견문으로 보나, 더 이상 권희학은 안동 고을 촌사람이 아니었다. 그의 가슴속엔 출세의 야망이 불타올랐다. 이런 권희학의 숙원을 단번에 풀어 줄 사건이 발생하니 그것은 바로 '이인좌의 반란'이었다. 금위영 장교로 근무하던 권희학은 토벌 사령관인 순무사 오명항(吳命恒, 1673~1728)의 막하 군관으로 출전하게 된다.[39]

반란을 진압하고 공신이 되다

당시 반란군 수괴인 이인좌의 군대는 충청도 일대를 장악하고 있었는데, 권희학이 세작을 침투시켜 반란군 측 변절자를 만들어 내는 데 성공했다. 또, 반군의 진중에 직접 들어가 적의 진영을 한번 보고 완벽히 이해하여, 오명항의 군대가 대회전(大會戰)의 승리를 가져오는 데 결정적인 공을 세우게 된다.[40]

반란을 진압한 후, 권희학은 분무공신 3등에 책록되면서 종2품 가의대부(嘉義大夫)와 화원군(花原君)에 진봉되었다. 비로소 완벽한 신분 상승을 이루어 낸 향리 사회에도 입지전적인 인물로도 회자된다.[41]

38 출처: 조현명, 권희학 묘갈명
39 출처: 김학수, 〈고문서로 보는 안동 이야기〉
40 출처: 조현명, 권희학 묘갈명
41 출처: 〈한국민족대백과사전〉'권희학'편

권희학은 자신의 운명을 바꾸어 주고 양반 사회에 진입시켜 준 최석정을 끝까지 잊지 않았다. 최석정의 문집을 사비로 간행하였고 빈한(貧寒)하게 살고 있던 최석정 후손의 생계를 평생 지원하였다고 한다.

또, 운산 군수와 장련 부사 등 여덟 고을의 수령을 지내면서 치적까지 세워 영조 임금의 신임을 얻었다. 권희학이 사망하자 영조 임금은 그의 화상(畫像)을 가져오게 하여, 9일 동안 벽에 걸어 두고 바라볼 정도로 아쉬워했다고 한다.

《감고당 권희학 초상화》 © 안동권씨 화원군 종중 소장[42]

그의 사후에는 소론의 영수(領袖, 한 집단의 우두머리) 영의정 조현명이 그를 위해 기꺼이 신도비명을 지어 주었고, 1805년에는 안동의 향리와 명문 사대부들은 물론 여러 현직 고관들의 후원으로 그의 영정이 안치된 '봉강 영당'까지 건립되었으니, 웬만한 사대부들도 누리기 힘든 영광이었다고 한다고 한다.[43]

영·정조 시대, 입현무방(立賢無方)[44]의 기조 아래 평안·함경·제주 등 변방의 인재가 문, 무과를 거쳐 중앙으로 진출하던 시절이었으니, 이러한 권희학의 출세는 조선 후기 신분제의 변동을 몸소 보여 주는 일화이기도 하다.[45]

---

42 《감고당 권희학 초상화》 – 1728년 이인좌의 난을 평정하면서, 제작된 공신 노상이다. (경상북도 유형문화재 제281호)
43 김학수, 《옛문서로 보는 안동이야기》, 《사랑방 안동》, 2002.1)(통권 78호)
44 《맹자》, 〈이루(離婁)〉 편에 나오는 구절로 '인재를 등용할 때에는 무엇에도 구애되지 않는다.'라는 의미이다.
45 한영우, 《과거, 출세의 사다리》, 지식산업사, 2013

✳ 참고문헌

김학수, 〈옛문서로 보는 안동이야기〉, 《사랑방 안동》, 2002.1(통권 78호)
(http://www.andongji.com/andong/viewandong/Content.asp?cat1_id=6&cat2_id=60&cat1_
name=%C5%EB%B1%C7%2078%C8%A3&cat2_name=%BF%BE%B9%AE%BC%AD%20
%BF%BE%BE%C8%B5%BF)
한영우, 《과거, 출세의 사다리》, 지식산업사, 2013
조현명, 권희학 묘갈명, 권영한 홈페이지
(http://www.andongkwon.pe.kr/coding/sub2/sub2.asp?bseq=4&cat=-1&sk=&sv=&page=13&mode=view&as
eq=6586#.WtxNflhuY2w)
한국민족대백과사전 홈페이지
(http://encykorea.aks.ac.kr/Contents/SearchNavi?keyword=%EA%B6%8C%ED%9D%AC%ED%95%99&ridx=0&t
ot=2)

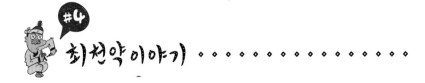

#4 최천약 이야기 ·············

영조 임금 시절 이야기이다.

내가 아들은 개차반으로 키웠으나 손주 놈은 잘 커 줘서 기쁘요!

* 영조 이금 (李昑: 1694-1776)

동래부(부산)에 최천약이란 사람이 살았는데, 대대로 군관을 지낸 집안이었다.

당연히 무과급제가 일생일대 목표입죠!

과거에 응시하려 서울을 제집 마냥 드나들었지만, 번번이 낙방만 했는데.

이게 다 빽이 없어서 그런 게 아이가?

크 취한다!

170

결국, 최천약은 노잣돈이
떨어져 약국 알바생으로
연명한다.

천약은 약국에서 쓰고 남은
약재를 가지고 조각품을
만들며 스트레스를 풀었더니...

단순한 조각이 아닌, 예술품과
다름없어서 서울에서 유명인이
된다.

서평군 이요의 부름을 받은
최천약은 그 자리에서
자신의 실력을 유감없이
보여 주는데...

헐~ 대박!

베껴쓴 현판이 원본과 똑같았다.

이건 하늘이 내린 재주로다. 닝금님께 알려야겠다.

* 서평군 이요: 조선 후기 왕족으로, 영조 임금의 탕평책을 보좌하여 임금의 신임이 매우 두터웠다. 예술과 음악을 지원하던 패트런(patron: 예술가를 후원한 애호가)이기도 했다.

서평군 이요는 즉시, 영조를 찾아가 최천약의 존재를 알렸고...

닝금아! 닝금아! 대에에에박임. 소신이 인물 하나 발견했어요!

뭐하는 애임?

약국 알바생!

한번 데리고 와 보셈!

오케!

천약아! 천약아! 임금님은 양극성 성격 장애인이시니 첫 인상은 꼭 좋게 뵈거라.

!

명심하겠습니다.

영조 임금은 천약에게 애장품인
청나라 자명종을 꺼내 보이며
수리를 요구하는데...

이건 내가 아끼는
시계인데 고장이 났구나
고칠 수 있겠느냐?

한 번
고쳐 보겠
나이다.

열일하는
천약~

세종대왕이
만드신 보루각
물시계 복원.
흐흐

정밀성이 필요한
편경 주조.

옥새 제작!
산성별장으로
승진.

물시계 제작!
교련관 승진.

궁중악기 제작!
첨사로 승진.

최천약은 가지고 온 은을 세공해
고장난 부속을 복제하고 자명종을
금세 수리해 버린다.

아니...
십 년간 아무도
고치지 못한
애물단지를!

고쳤사옵니다!
참 쉽죠잉?

이렇게 최천약의 공로가 많아지자
영조와 대신들은 큰 결단을 한다.

최천약을
청나라로 보내
새로운 기술을
익혀 오도록
하소서!

이번 연행에
방료군관으로
보내도록 하시오.

영조를 첫눈에 사로잡아 버린
최천약. 임금은 천약에게 무관
벼슬을 내리고선 크게 쓰기로
한다.

당장
최천약을
군관에 임용하도록
하라!

마! 내 맘에
확 들었어.

드뎌, 비정규직
탈출인가욧?

조선 기술자 최초로 연경 유학생으로
선발하고, 국비유학을 명하였던 것
이다.

석탄 제조법,
청기와 굽는 법,
벽돌 만드는 법을
배워 오되 유학 비용은
제한없이 원하는대로
지급해 주도록!

Yap

청나라로 유학을 다녀온 천약은
석탄 제조법을 제외하곤 모든
선진기술을 배워왔다.

선정전에 청기와를
보실 수 있고,
벽돌은 수원 화성을
건축하면서 쓰였습니다.

데헷!

이뿐만 아니라, 조선 사람으로는
최초로 자명종을 제작해 국내에
보급했으니 놀라운 일이었다.

조선 최초의
국산 서양식
시계입니다.

정말 대단하구나!
네 노고를 어찌 보상해 줄꼬?

이런 천약의 노력에 보답해 조정에서는
종2품 지사 벼슬을 내렸으니, 장영실
이후 최고의 품계였고 평생 연금까지
지급했다.

평민의 자식으로 태어나,
고시 낭인과
약방 알바생을 전전하다
우연히 시대와 임금을
잘 만나 운수가
대통했습죠.

꾸르꾸룰루!
지화자 좋다

그의 사후, 최천약과 같은 인물은
두 번 다시 나오지 않았는데, 특히
정조 임금이 그의 부재를 아쉬워
했다고 한다.

최천약이
살아
있었다면...

최천약
같은 자가
진정 없는가?

최천약을
황천에서
일으켜 세울 수
없을꼬?

그가 제작한 황동주척의 정밀성은
현대 공학 기술로 측정해도 오차가
거의 없어 교수들조차 놀랐다고 하니,
최천약은 그야말로 조선 시대의 보석
같은 공학자였던 것이다.

최천약이
제작한
황동척은
국보로
지정해야
합니다!

공학 교수님

우와...교수님! 그 정도였어요?

– 최천약 편 끝

#공돌이가_살아야_나라가_산다 #아니._공돌
이_살아서_망한_나라_인도_잼 #조선판_기
술유학_ 굿 #평민도_과거_볼_수_있다

· Sergelang ·
그림체 좋네요. ㅋㅋ

 · 장수찬 ·
감사합니당 ㅠ 윤승운 선생님 오마주에서 시작한 건데, 많은 분이 봐 주셔서, 나름 대로 독창적인 화풍을 만들기 위해 노력하고 있습니다. 정말 고맙습니다.

 · 칼둘 ·
아, 직접 그리신 거예요? 이런 에피소드 모아서 내시면 히트할 듯. 잘 봤어요.

 · 장수찬 ·
열심히 그려서 에피소드가 많이 쌓이면, 한 번 시도해 보도록 하겠습니다! 용기를 주셔서 정말 감사합니다!

 · indianhead ·
재밌어서 다 찾아보는 중이예요. ㅎㅎ

 · 장수찬 ·
넹, 감사합니당. 좀 더 성의있게 그려야 하는 데, 그렇지가 못해서 부끄럽습니다! 색 깔도 입히고, 정성을 들이고 할게요!

 · T.T. ·
이것도 잘 보고 갑니다.

 · 장수찬 ·
아이고! 정말 감사합니다... 최천약 이야기는 대중들에게 많이 알려지지 않은 에피소드인데, 관심을 가져 주셔서 고맙습니다. 역사 속 베일에 싸인 인물들을 가감없이 찾아내어 소개해 드릴게요!

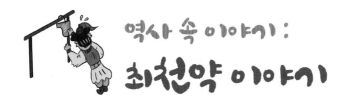
역사 속 이야기 :
최천약 이야기

최천약, 장영실의 뒤를 잇다

조선 전기의 공학자라면 으레 장영실을 떠올리겠지만, 조선 후기의 공학자를 손꼽자면 거론할 인물이 언뜻 생각나지 않는다. 이런 세간의 아쉬움을 털어 내기라도 하듯이 깜짝 놀랄만한 성과를 내놓은 인물이 있었다. 그가 바로 최천약이다.

성균관대학교 안대회 교수가 《문헌과 해석》 2007년 겨울호에 〈영조 시대 기술자 최천약의 삶과 업적〉이라는 논고를 발표하면서 최천약이란 이름이 세상에 알려지게 되었다. 최천약(崔天若, 1684~1755)은 본래 동래도호부 대변군관(待變軍官)으로 복무한 군관 집안 출신이었는데, 어릴 적부터 초량왜관을 출입하여 과학 기술을 습득했던 것으로 보인다. 1711년(숙종 37년) 통신사(通信使) 사행록인 《동사일기(東槎日記)》에 그의 이름이 최초로 등장하는데 군관의 직역을 띠고 통신사 일원으로 일본에 다녀왔다는 내용이 있다. 이런 국가의 공식적인 활동으로 그의 재주가 중앙 정부에 알려진 것으로 보인다.

《동래부사접왜사도》 ⓒ 국립중앙박물관 소장

 Note

일본의 사신을 맞이하기 위해 초량왜관으로 들어가는 동래부사 행차를 묘사한 것이다. 전형적인 겸재 정선의 화풍이다. 당시, 일본 사신들은 한양에 있는 임금을 일현하지 못했기 때문에 왜관에 모셔진 조선 국왕의 진패에 절을 한 다음, 왕의 대리자였던 동래부사와 접견했다. 조선 후기 초량왜관은 청나라 연경과 함께 조선에 신문물이 유입되는 중요한 통로였다.

《조선왕조실록》과 《승정원일기》의 기록에서 일본 사행 이후, 그의 활약상을 확인할 수 있다. 서울로 올라온 최천약은 옥(玉)을 가공하고 관상감의 천문 기계를 보수하기도 했다. 또, 동척 등을 제조하는 기술자로서의 업적이 상세히 소개되고 있다. 최천약을 단순히 공장(工匠) 또는 기술인으로만 착각할 수 있겠지만 사실, 조선 후기에 성벽을 쌓거나 기계를 제조하는 일은 무관 출신들이 도맡아 주관하였다. 대대로 장교를 지냈던 집안에서 자란 최천약의 입장에서 이런 일들은 어색하지 않았을 것이다.

그의 출신 배경은 후원자였던 서평군(西平君) 이요(李橈)와의 만남에서도 확인된다. 최천약이 이요를 만나기 전, 서울에 올라왔던 계기가 무과에 응시하기 위함이었고, 또 그가 여러 제작 업무에 참여하면서도 기술자보단 무관으로 불리길 원했다는 걸 볼 때 군관 집안이 확실하다. 이뿐만 아니라, 그가 맡던 군직 역시 '금위영 교련관'이나 '산성 별장', '첨절제사'였음을 상기할 때 최천약은 업무(業武) 직역에 종사하는 무인으로서 정체성을 지니고 있다.[46]

최천약, 국보급 황동척과 자명종을 만들다

그의 가장 큰 업적은 다름 아닌 황동척(黃銅尺)을 제작한 일이다. 이 동척은 예기척, 주척, 영조척, 포백척, 황동척 5가지의 각기 다른 자를 종합해 놓은 것이다.[47]

그런데, 이 황동척의 정교함은 현대 공학기술로 측정해도 오차가 거의 없다고 한다. 그래서 이 자(尺)를 연구하던 교수들은 국보급 문화재로 지정해야 하는 것이 아니냐는 의견을 내놓을 정도다.

천재적인 재능을 인정받은 최천약은 청나라 사신단의 방료(放料) 군관으로 연경(燕京, 베이징의 옛 이름) 유학을 다녀오기도 하는데, 그가 영조 임금으로부터 하달받은 과제가 있었다. 바로 벽돌, 청기와 그리고, 석탄의 제조법을 배워 오는 것이었다. 최천약은 석탄 제조법을 제외한 나머지 두 가지 기술은 배워 오는 데 성공했다. 그 결과물이 지금의 선정전에 올려진 청기와와 수원 화성 건축에 쓰인 벽돌 기법이라고 한다.

그의 또 다른 업적은 바로 서양의 자명종 제작에 있다. 1631년(인조 9년) 7월, 중국을 방문한 연행 사절들이 조선에 천리경, 한역(漢譯)된 서양 서적, 자명종을 가져왔다. 그런데, 이 자명종은 기계의 민감성 때문에 고장이 자주 났던 모양이다. 수리에 일가견이 있던 최천약은 영조 임금

46 《영조실록》 30권, 영조 7년 9월 19일 기묘 2번째 기사 참조
47 《영조실록》 51권, 영조 16년 4월 5일 을해 1번째 기사 참조

이 아끼던 자명종을 수리해 내었다고 한다. 이규상이 동시대의 문인, 학자, 예술가의 전기를 엮은《병세재언록(幷世才彦錄)》에 그 일화가 자세히 기록되어 있다.[48]

그는 자명종 수리를 넘어 제작까지 해냈는데, 실학자 이규경이 그의 저서인《오주연문장전산고(五洲衍文長箋散稿)》에서 그를 자명종 제작의 명인으로 소개하면서도, 지금에 와서 그가 만든 자명종을 찾을 수 없다고 했으니 그의 위대한 자취와 흔적이 사라진 사실에 아쉬움만 남을 뿐이다.

최천약의 뒤를 이어 19세기에는 강이오(姜彝五, 1788~?)라는 무관이 효명세자의 명을 받들어 더욱 정밀한 자명종을 제작하였다는 사실이 문헌에서 확인된다.[49] 조선 후기 과학 기술이 우리가 생각했던 것보다 뛰어났음을 알 수 있다.

강이오는 예원의 총수였던 표암 강세황의 손자였는데, 친분이 있던 추사 김정희는 그의 초상화에 글을 남겼는데 사실적으로 표현한 그의 모습에 놀라움을 표하기도 했다. 강이오는 최천약과 마찬가지로 무관(武官)으로 입신하여, 궁중을 드나들며 기계들을 제작한 인물이다. 그의 후손들도 무관이 되어 대대로 시계를 제작했으니, 최천약이나 강이오의 예에서 보듯이 조선 시대 과학 기술자는 거의 무관들이었던 셈이다.

강이오의 초상화[50] ⓒ 국립중앙박물관 소장

178

48 출차: 노형석, 〈18세기 조선 최고의 만능 과학자는?〉, 《한겨레신문》, 2007.2.3
49 원문: 翼宗在邸命姜彝五(姜彝五,判尹世晃庶孫有奇才多巧器,彝五,資一品官金海府使)上設璇璣,下設鳴鍾,以牙輪轉機,與鳴鍾相應,時刻不爽,人以爲奇巧有過西人云,然殊未知彝五之前,有宋以穎之渾儀輪使鍾自鳴之制也,(이규경, 오주연 문장 전산고)
50 글씨는 추사 김정희가 썼다. 강이오의 아들인 강건과 강윤도 해시계(앙부일구)를 만들어 냈고, 강건의 아들 또한 해시계를 제작했다. 대대로 시계를 제작했던 집안이 근기 남인 계열의 진주 강씨 일문이었다.

은혜로운 형상이 재관(宰官, 2품 이상의 고관)의 몸에서 빠짐없이 갖춰 나타나고 있으니, 이는 오로지 이 초상화가 너무나도 핍진(逼眞, 사실과 가까움)한 것이로다. 누가 다시 천지(天地)의 호선(弧線)을 알겠는가? 마음속은 어떤 상황을 만나더라도 신령스러워지는 것을.

노염(老髥, 추사 김정희)이 제하다.

✱ 참고문헌

안대회, 《조선의 프로페셔널》, 휴머니스트, 2007

노형석, 〈18세기 조선 최고의 만능 과학자는?〉, 《한겨레신문》, 2007.2.3(http://www.hani.co.kr/arti/culture/culture_general/188379.html)

《조선왕조실록》, 국사편찬위원회 홈페이지(http://sillok.history.go.kr/)

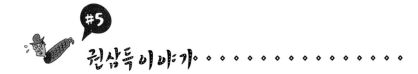

권삼득 이야기 ··················

조선 정조 임금 시절 이야기이다.

전라도 완주땅에 권씨 양반이
살고 있었는데...

시골서 행세하던 안동권씨 권래언에겐
상득(三得)이라는 아들 하나가
있었다고 한다.

광대들의
노랫가락이
훌륭하도다

조선팔도를 유랑하던 사당패 놀이에
흠뻑 빠져서, 이들의 뒤를 쫄래 쫄래
따라 다닌 것이다.

양반이 광대 따라한다
크크...

이렇듯, 권삼득이 광대들과
어울리다보니, 동네에 소문이
쫙 깔리게 되었다.

*별감: 향청의 우두머리인 좌수를 보좌하던
양반의 직책.

삼득이놈이
사당패
따라댕기며
소리배우고
있당께요

이런 천지개벽할
일이 있습니까?

소식을 들은 삼득이 부친
권래언은 충격을 받아 그 자리에서
드러 누웠다.

상놈이 되다니

이런
쌍~~~

얼마나 근심이 되었던지 자신의
호(號)를 '이우당(二憂堂)'
이라고 지을 정도였다.

두가지의 근심이
있는 집안.

한가지 근심은 어린시절
아버지가 돌아가시고,
묏자리를 허술하게 만들어
아직까지 이장을 못한
것이고...

또다른 근심은
삼득이가
방탕한 사람들과
어울려 다니며,
집안을 폭되게
하는 짓을 끊지 않은 것이라!!

아이고
내 팔자야
아들을 잘못
길렀어 ㅠㅠㅠ

결국, 권씨 가문에서는 중대한
결심을 하기로 했는데...

권삼득이를 어서어서
잡아 오거라

충성
충성

권씨 집안
노비들.

삼득이를 멍석말이 하고선,
때려 죽이기로 의견을 모았던 것이다.

도련님은 인자 큰일 났소ㅡ
잡놈들 따라 댕기다 요모양 된거
아니요?

이렇게 개죽음
당할 수는 없다ㅡ

죽기 전에
청이 있사
오리다 ᄊᄊ

제삿밥 먹기 전에 소리
한번 하고 죽겠소 ᄊᄊ

권씨 가문 어른들은 삼득의 청을
들어 주기로 했다.

그래
죽은 놈 소원도
들어 주는데
산 사람
소원이랴?

삼득이는 꾀를 내기로 했다.
아무도 몰래, 부채에 암소의 체취를
묻히고선 수소를 흥분시키기로
했던 것이다.

어른들도 그러자하며, 삼득이의 제안을
받아 들인다.

백구야 ᄃᄃᄃᄃ
나지 말거라 —
너를 잡을 나아니로당

성상이
버리시매,
널 찾아
여길
왔노라 ᄃᄃ

이 뭐꼬?
얌순이 냄새 아닌가?

스멜 스멜-

Good ㏄

호잇호잇

착 착 착

좋다 이거!!

진짜루, 소가 웃기 시작했던 것이다.

으아악

음매

음매

이렇게 목숨을 구한 삼득은 고향에서 쫓겨 나가는 걸로 마무리 된다.

저놈을 족보에서 파버리고, 쫓아내거라!

휴 ㏄ 살았구나

집안에서 퇴출된 삼득은 처음엔 남원의 외가를 찾아 갔으나...

상놈짓하는 놈이 여길 왜 와?

삼득이 외삼촌.

애고고

삼득이 부인

외가에서도 냉대를 받았다.

무능력한 이 사람은
정말 못난 인간 같소...

사랑스런 아내의 도움으로, 처가인
익산에 정착한 권삼득은 그곳에서
소리에 몰두하며 목청을 가다듬었다.

그렇게 열심히 소리하다보니,
호남에서 알아주는 명창이 되었다.

그러던 어느날... 서울에서 권삼득을
찾는 전갈이 왔다.

양반이 소리 헌다고 한양에서 잡으러 왔나?

←←← 권상득

그.. 큰일이군 마누라 먹여 살려야 하는 가장인데 -

소신은 외람되이 사족(士族)으로서 천인의 업(業)을 삼고 있시옵니다

*사족: 책 읽는 것을 직업으로 삼았던 신분인데, 조선의 지배 계층이었다.

주상께서 부르시오- 빨랑 차비를 하시오-

주위의 말이 맞겠구나 - 그래 네 소리 들어 보고자 불렀느니라 ♪♪

정조 임금이 삼득의 명성을 듣고선 그를 불러 올렸던 것이다.

네가 그 유명한 '비가비' 인고?

←♪♪정조대왕

어찌 어명을 거절 하오리까?

*비가비: 양반 신분으로 소리를 하던 사람을 이르던 말.

백구야 날지 마라
널 잡을 나
아니로다 ─
성상이
버리시매
널 쫓아
여길
오았노라

저 소리는
홍국영이
강릉으로 쫓겨간
후에 부른 것이다

동궁시절,
덕로(홍국영)가
창을 많이
불러 주었지.

ㅎ! 옛날 생각난다...

삼득이 새타령을 부르자,
정말로 새가 날아 들기도 했다.

나불렀쓰?

온갖
잡새가
날아든다
얏호 ─

정조 임금은 권삼득의 소리를 듣고
감탄을 했으니...

삼득(三得)이라
하더니. 정말로
사람소리. 새소리.
짐승소리 세가지를
모두 가졌구나 ─

그렇게 권삼득을 격려 하고서는...

너는 너의 업(業)이
천하다 생각하지
말라. 어찌 직업에
귀천이 있겠느냐?

하늘이 내린 재주를
하찮게 여기지
말고. 부디. 일심으로
정진토록 하거라.

큰 상을 내리고서는,
금의환향 하도록 했다.

이거시
꿈이냐?
생시냐?

나으리 출세
했수다

임금의 성은을 입자, 호남 사람들은
그를 국창 (國唱:나라를 대표하는 명창)
이라 추켜세웠고, 광대라 부르지 않으며
권 생원이라 존칭하였다.

광주목사
전라관찰사
어전명창!!

전라좌수사   나주목사

호남의 방백
수령들이
권생원 소리
듣고 푹 빠졌군

*어전 명창: 임금 앞에서 소리를 한 소리꾼을 높여
부르는 말. 이 칭호가 그들에겐 최고의 영예였다고
한다.

양반 권삼득은 무속신앙에서 비롯된
판소리을 유교적 색채로 탈바꿈시켜,
상류계층에게까지 확산시켰으니...

무당남편인
창부
위여얼
무당
꽝 꽝 꽝꽝
방 방

저게 사랑소리 인가? 귀신소리 인가?
요사스럽구나 에잉 ഗ

양반사대부

권삼득

공자님 ഗ 심으신 나무 ─
안연, 증자로 물을 주니
자사로 뻗은 가지 맹자 꽃이 피었도다.
그 꽃 이름은 아마도 천추만대 무궁화인가보다.

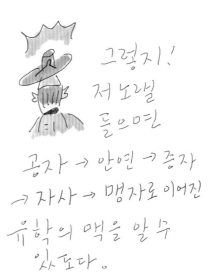

그렇지! 저 노랠 들으면

공자 → 안연 → 증자 → 자사 → 맹자로 이어진 유학의 맥을 알 수 있도다.

놀이패 광대, 무당 남편인 창부들이나 하던 판소리의 사회적 위상을 끌어올린 이가 다름 아닌 권삼득이었다.

어전명창 권생원 ഗ 울 잔치에 와서. 소리 한번 해주시게 돈은 얼마 든지 줄수 있소 ─

에헴 ─

집안의 냉대를 받던 권삼득은 사후에
남도 판소리의 개척자로 크게 존경 받으며,
추숭 되고 있으니 이 모든 것이 한길만 걸었던
그의 남다른 의지 덕분이었을 것이다.

저를 끝까지 믿어준
제 안사람과 저를 발탁한
성군(정조임금)이 있었기에
가능한 것이었죠.

내가 뭘?
ㅋㅋ

권삼득 편 끝—

#삼득이, 지금 태어났으면 JYP처럼 연예인하거나 기획사 차렸을듯! #정말 간절하게 원하면 길이 있
긴 하구나! #될놈될 ㅋ! #꾀내어 산 거 보면, 양반 머리가 있긴 했네...

Talk

•유니콩즈•
지금도 호남지역에서는 권삼득이 유명한가요?

•장수찬•
네, 물론입니다. 권삼득의 본향인 전북 전주시 완산구에서는 권삼득을 기리기 위해, '권삼득로'라는 도로명을 만들기도 했습니다. 도립국악원과 예술회관이 이 길에 있습니다.

•유니콩즈•
권삼득 이야기 중에 수소가 웃는 일화는 사실인가요?

•장수찬•
사실일 확률이 높습니다. 왜냐하면, 동물에게는 플레멘 행동이라는 반응기제가 존재합니다. 특정한 체취(페로몬 등)에 노출될 경우, 꼬리가 쳐지고 윗입술이 올라가면서 실눈을 뜨는 등의 마치 기분 좋은 표정을 짓는다고 합니다. 이야기에 나오듯, 수소가 암소의 체취에 반응하는 것은 과학적인 근거가 있는 내용입니다.

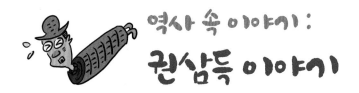
역사 속 이야기 :
권삼득 이야기

양반 권삼득, 소리 광대가 되다

권삼득(權三得, 1772년 ~ 1841년)의 본명은 권정(權政), 자(字)는 사인(士仁)이며 안동권씨 29대 손으로 완주군 용진면 구억리에서 출생했다. 삼득은 그의 아명으로 보이는데, 이를 가지고 예명으로 쓴 듯하다.

권삼득은 양반 출신 광대라 해서 특별히 '비가비'라고 부른다.[51] 비가비는 '비갑이'의 발음이 음성학적으로 동화된 형태인데, 비갑이는 '갑이(甲伊)가 아니다[非]'라는 뜻으로, 갑이(甲伊)는 천민집단 노래패의 우두머리를 가리키는 단어로 보인다. 그러니까, '비가비'라는 말은 천민 출신의 전문 소리꾼이 아니라, 양민 이상 출신의 아마추어 소리꾼인 셈이다.

언제부터, 비가비가 출현했는지 알 수 없다. 다만, 호남 지역에서 양반 권삼득이 소리꾼으로 등장하고 명성을 얻자, 권삼득이 비가비의 대명사가 된 것은 틀림없다. 흥미로운 점은, 비교적 상세하게 그의 실존 여부를 알 수 있는 이유가 아이러니컬하게도, 권삼득의 출생이 정통 소리꾼이 아니었기 때문이다. 사족(士族) 출신이다 보니 족보도 뚜렷하고, 주변 지인의 증언들이 문자로 채록되어 보존될 수 있었다. 이것은 양반 태생의 행운이었다. 만일, 권삼득어 천민 출신이었다면, 아무런 주목도 받지 못하고 그저 천한 소리꾼으로 역사 속에 사라졌을 것이 분명하다.

하지만, 그가 양반 출신이라고 해도 그리 대단한 집안은 아닌 듯하다. 권삼득의 아버지인 권래언은 평생 포의(布衣, 벼슬이 없는 선비를 비유적으로 이르는 말)로 지낸 인물이다. 지역 사회에서 시문도 짓고, 관아를 드나들면서 문중을 대표해 청원이나 소장을 올리며 당시 향반의 전형적인 활동을 했다. 그런 권래언은 《이우당집》이라는 문집을 하나 남겼는데, 여기에 아들 삼득과 관련된 내용이 등장한다. 《이우당집》을 연구한 전북대학교 홍현식 교수에 따르면, 권래언이 본인 문집의 자서를 쓰면서 두 가지 근심을 고백했다고 한다. 그렇다면, 여기서 권래언의 술언을 들어보자.

51 최동현, 〈[최동현의 명창이야기] ④비가비 권삼득〉, 《전북일보》, 2009.10.5

"내게 근심이 두 가지가 있어 이우(二憂)이니, 가난하던 시절 부친이 돌아가시어 허술하게 장사를 지냈는데 늦게까지 선영을 면례치 못한 근심이 하나요, 둘째 아들 삼득이가 나를 배신하고, 노래와 술로 세월을 보내며 우리 집안을 욕되게 함이 두 번째 근심이다...(중략)"[52]

그 뒤에 강필성이 쓴 〈근제이우당서후(謹題二憂堂序後)〉에는 '삼득이가 술과 음악에 빠진 지가 여러 해 되어, 방탕한 사람들을 좇아 놀며, 집을 떠나 밖에 있으면서 욕됨을 끼치기가 한이 없다.'고 하였다.[53] 이처럼 주변 사람들의 증언에 따르면, 권삼득은 집안에서 거의 내놓은 자식이나 다름없다는 것을 알 수 있다. 시골 지역의 이름 없는 사족 가문이라도 해도 집안의 법도가 있을 터인데, 이런 격식을 무시하고 잡인들과 어울려 다니는 행동을 권씨 가문에서 가만히 놔둘 리가 없다.

방탕한 이들과 어울려 다니며, 술과 노래로 소일하던 권삼득은 가문 사람들에게 붙잡혀 징치(懲治) 당하는 지경에까지 이르게 된다. 그런데, 명석말이로 죽을 뻔한 권삼득이 목숨을 보전하고, 집안에서 쫓겨난 일화는 하나로 귀결되지 않는다. 아마도 구전으로 전달되는 것이기에, 전승 경로에 따라 여러 야사가 존재하는 듯하다. 어떤 이는 비장한 곡조로 좌중을 감동시켜 목숨을 부지했다고 하며, 어떤 이는 재치 있는 꾀로 당시의 위기를 모면했다는 일화도 전한다. 어찌 되었건 위기에서 살아남은 권삼득은 그 당시에 족보에서 이름이 지워지고, 가문에서 쫓겨난 것은 사실임이 분명해 보인다.

권삼득, 당대의 스타가 되다.

양반에서 광대로 끝없이 추락할 것만 같았던 그의 인생에 반전이 일어난다. 공부를 집어치우고 소리에만 매진하더니, 그의 명성이 호남지방에 널리 퍼진 것이다. 그에 관련한 구전하는 이야기 하나를 살펴보자. 《판소리 이백 년사》를 펴낸 박황은 명창이 된 권삼득의 위상이 얼마나 대단했는지를 다음과 같이 설명하고 있다.

"백성환 명창의 고조는 전주 감영의 이방이었을 때, 전북 김제군 백산면 야산에 대를 마련하여 차일을 치고 권삼득이 소리를 하는데 날마다 모여드는 사람이 인산인해를 이루고 있다는 소문을 듣고 백 이방은 동료와 사령 몇 사람을 데리고 가본 즉, 과연 수천 군중이 모여 있으며 권삼득이 소리를 하는데 과연 희대의 명창이었다. 백 이방은 전라감사의 분부라 하고 권삼득을 가마에 태

52 홍현식, 〈兩班 國唱 權三得 생애 밝혀〉, 《동아일보》, 1971.4.28
53 최동현, 〈[최동현의 명창이야기] ④비가비 권삼득〉, 《전북일보》, 2009.10.5

장수찬의 역사툰

워 감영으로 돌아왔다. 감사는 크게 기뻐하여 권삼득을 맞아들였고, 권삼득은 선화당에서 춘향가를 불렀는데 첫소리 한바탕에 청중을 감동시켜 명창으로서의 그 이름을 떨쳤다. 그 후 권삼득은 전주에 근거하고 전라감사의 비호를 받았고, 가끔 전라도 각 고을 수령의 부름을 받아 동헌에서 소리를 하였으며, 인근의 농촌 사람이 많이 모이는 장날이면 전주 다가정에서 수천 군중을 모아놓고 소리를 하였으므로 그의 명성과 인기는 충천하였다고 한다.[54]

그가 가는 곳마다 수천 관중이 따라다니는 모습에서는 지금의 스타 연예인을 보는 듯하다. 또, 관의 비호를 받으며 가마를 타고 다니는 모습에서는 천한 광대의 지위는 찾아볼 수도 없다. 이 정도면 인생에 있어서 성공이라고 부를 만하지 않을까? 어찌 되었건, 권삼득은 적어도 호남 지역에서는 큰 명예를 얻은 것은 분명하다. 이런 유명세가 궁중에까지 알려져 정조 임금의 부름을 받았다는 야사도 전해지지만 확증할 수는 없다.

아내를 감동시킨 로맨티스트, 권삼득

당대의 명창이 된 권삼득은 부르는 곳이 많아, 집을 비운 날도 허다했을 것이다. 가장(家長)이 없는 집안을 이끌어가는 이는 다름 아닌, 그의 아내 이씨 부인이었을 것이다. 어느 날인지는 모르지만, 소리 유람을 떠난 권삼득이 본가에 들렀다. 삯바느질과 베를 짜는 일로 집안 생계를 이어가던 이씨 부인은 남편 권삼득이 얼굴을 들이밀자, 등을 돌려 버렸다. 집안 생계를 책임지지 않고 밖으로만 싸돌아다니던 남편이 미웠을 것이다. 베틀 일을 하던 이씨 부인이 배때기라는 베 짜는 막대기를 떨어뜨리자, 권삼득은 이를 쥐어 잡고 '부인 한번 들어보시오.' 하며 '배틀가'를 한가락 뽑아 노래했다. 그 음성이 얼마나 청량하고 구성진지 이씨 부인은 고개를 돌려, 남편이 자신만을 위해 불러 주는 세레나데에 흠뻑 빠졌다. 이씨 부인은 내심 마음이 풀어지고 오랜만에 집에 들른 권삼득을 환대했다고 하니, 그는 남녀를 불문하고 사람들을 혼을 빼놓은 풍류남아가 분명한 듯하다.[55]

호남의 경제적 번영, 소리꾼 고장을 만들다.

권삼득이 활동하던 시기는 조선의 르네상스라고 불리던 18세기 무렵이다. 양난을 극복하고 천하가 안정되고, 정치적으로나 경제적으로나 풍요가 찾아온 시기였다. 특히, 호남 지역은 조선 팔도에서는 15세기부터 장시(場市)가 처음 출현한 곳으로 알려져 있다. 이곳에 시장이 최초로 형성된 이유는 아마도 서남해안지대로서 영산강을 가운데로 두고 쌀과 목화 등의 물산과 함

54 박황, 《판소리 이백년사》, 사사연, 1997
55 권경택(66세) 제보, 2012년 2월 29일, 권경택 선생 자택, 전북 전주시 전미동 2가 549–5에서. 〈판소리 명창 권삼득의 생애와 설화화 양상〉

께, 서해의 군도에서 생산되는 해산물은 물론, 오래전부터 전라도 일대의 조세가 집산되어 팔도의 상인들이 모이고 번창한 곳이었기 때문으로 추측된다. 이처럼 시장의 출현은 예능인의 공연을 위한 기반을 만들어 주었다. 시장의 뒷배를 지고 있던 상인들은 다름 아닌, 전라도 감영 소속의 장교 또는 이속(吏屬)이었다. 이들이 고객을 장시에 끌어들이고자, 기예 집단인 놀이패나 소리꾼들을 시장바닥에 고용하다 보니, 이러한 예능인들이 호남 지역에서 대거 배출된 면이 크다. 권삼득 역시, 이러한 분위기 속에서 출현한 호남 최초의 예능인이었던 셈이다.

명창의 맥이 끊기다.

1828년(순조 28년) 권삼득의 아버지인 권래언은 효자로서 복호(復戶)의 혜택을 부여받아 호역을 면제받는다.[56]

이는 관의 비호를 받았던 권삼득의 힘에서 비롯된 것이 분명하다. 효자 가문으로 거듭난 권씨 문중은 재지 사족으로 확고한 세를 갖추었을 것이다. 하지만, 권삼득의 명성은 개인의 명성이었지, 가문의 영광은 아니었다. 이와 같은 형편을 보여주듯, 권삼득의 처(妻) 이씨 부인은 자손들에게 엄명하길, '우리 집안에서 더 이상 광대가 나오면 안 된다.'라고 지적하며 조상 묘를 다른 곳으로 이장하도록 유언했다고 한다. 소위, 명창의 정기를 받은 '매미혈'이라는 곳에 조상묘를 잘못 쓰고 권삼득이 태어났기 때문이다. 선대묘를 이장하고 난 이후, 권씨 가문에서는 더 이상 권삼득과 같은 소리꾼이 나오지 않았다고 전해지니, 양반 가문의 법도가 호남 소리의 원형을 끊어놓을 정도로 매서운 것이었다.

❋ 참고문헌

　김기형, 〈판소리 명창 권삼득의 생애와 설화화 양상〉, 판소리학회, 판소리연구 33, 2012.4, 5–33
　신상구, 〈판소리 덜렁제를 창시한 국창 권삼득 이야기〉
　최동현, 〈[최동현의 명창이야기] ④비가비 권삼득〉, 《전북일보》, 2009.10.5
　홍현식, 《兩班 國唱 權三得 생애 밝혀》, 《동아일보》, 1971.4.28
　박황, 《판소리 이백년사》, 사사연, 1997

Part 4

더 큰 세상을 본 신분, 서얼과 중인

#1
박제가 이야기 ··················

정조 17년 초정 박제가는 의금부로
압송된다.

> 너무 억울해 하시마쇼!
> 빽없음 인생 고달프요.

부여현감으로 부임한 지 1년 만에
암행어사의 감찰에 적발되어
봉고파직된 것이다.

> 부여현감 박제가는
> 제멋대로 공금을
> 유용했으니 벌을 주소서!

*봉고파직 : 부정을 저지른 관리를 해임하고,
관청의 창고를 봉하는 일.

실학자로 명망이 높던 박제가가
뜬금없이 요리를 하다, 어사에게
징계 당한 것이다. 어찌된 연유
일까?

> 승륙하고,
> 사또가 되었으니
> 잘해야 겠다!

*승륙(陞六) : 6품 실직에 임명되는 것으로 조회에
참여하는 등 정식 관료가 되는 것을 의미했다.

규장각 검서관에서 승진해 처음으로 부여 사또로 부임한 박제가는 심각한 현실을 목도하고서 의욕적으로 백성들을 구제한다.

요리를 한 충청도 수령들이 여럿 되건만 유독 박제가가 타깃이 되어 봉고파직된 것이었다.

당시, 수령들은 환곡미를 재량껏 사용해 구휼자금을 이리저리 편법으로 마련했는데 이런 재량을 '요리'라고 했다.

불법이지만,
개인적으로
착복만 하지 않으면
그래도
인정! 인정!

어사의 서계를 받아본 정조는 박제가가 사냥감이 된 것을 파악하고 한마디 한다.

너희 사대부들!
참 못 됐구나.
힘없고 빽없는
서얼들만
잡아 족치는군!

서얼인 박제가가 임금의 총애를 얻어 규장각 검서관이 되고 외직 수령까지 올라가니, 사대부들의 질투는 극도로 커져 갔다.

니들이
그렇게 나온다면
임금의 도서를
관장한 노고가 있는
박제가를 내가 풀어
주도록 하겠다.

*서계 (書啓) : 암행어사의 보고서.

정조 임금은 규장각 검서로 일한 공로를 생각해 사판에서만 이름을 삭제하고 박제가를 풀어주며 보호한다.

성은이 망극하옵니다! 오직 천하만 믿고 가겠습니다.

창덕궁

*사판 : 현직관료들의 명부.

하지만 조선의 개혁을 시도하려던 박제가의 포부는...

유통경제를 확산시켜야 조선이 산다!

무조건 식의 절약이 중요한 게 아니야. 소비를 통한 수요 창출도 필요하다고!

정조의 승하로 그의 꿈이 물거품이 되어 사라져 버린다.

사또나으리! 전하께서...

영평헌령으로 근무하던 초정

영평현

거짓말! 그럴 일이 없어.

그를 아니꼽게 본 노론 사대부들이 박제가를 역모사건에 엮어 귀양을 보내니...

의 금 부

노론벽파

윤가기, 윤행임과 함께 어디를 끼끼기오

흑흑!

이젠 정말로 끝이구나!

*윤가기와 박제가는 사돈관계였다고 한다.

조선에서 한동안 박제가와 같은 급진개혁가는 출현하지 않았다고 한다.

서재필 서광범

초정 선생의 뜻을 받들어 문명의 개화를 이루자!

文明

박영효   김옥균

80년 후 갑신정변을 시도한 박제가의 후예, 급진개화파

박제가 편 끝─

정조 대왕님 갓갓! # 이.걸.실 # 요리보고~ 조리보고~ # 선각자 박제가 선생님 칭.찬.해

Talk

· 암연소혼 ·

아 요리라는 게 박제가가 취미로 쉐프를 했다는 줄... 하나 배우고 가네요.

· 장수찬 ·

박제가 말고... 그 분의 스승 격인 연암 박지원 선생님은 제자들을 위해 밥과 국을 만들며 손수 요리를 했다고 하네요. 감사합니당.ㅠ

· 소망의끝 ·

오... 대단하십니다. 저는 어릴 때 보던 만화와 비슷해서 직접 그리신 줄 몰랐습니다. 내용을 보니 역사의 조예가 상당하신 것 같습니다.~ 앞으로도 좋은 글 그림 기대하겠습니다..

· 장수찬 ·

과찬이십니다. 부끄럽네용... 역사에 해박하신 분들이 더 많아서 꾸지람을 들을까 두려울 뿐입니다. 어려서부터 역사 자체를 좋아해서, 한번 만화로 그려 보자고 마음을 먹었는데, 봐 주시는 분들이 있어서 항상 행복합니다.

· 익명독자 ·

정조 임금이 서얼 출신들을 등용한 이유가 있나요?

· 장수찬 ·

솔직히 말씀드려서, 서자들은 양반의 핏줄임에도 불구하고, 등용을 제한당해 그들의 불만이 하늘을 찔렀습니다. 정조 임금도 이런 사실을 잘 알고 있어서, 유능한 인재를 골고루 등용해야 할 입장에서 적자나 서자나 같은 핏줄, 한 식구일 수밖에 없었을 겁니다. 그래서, 1777년 서류허통절목을 발표해, 무관 청요직인 선천 내금위에는 서얼과 중인을 차임 시킬 수 있도록 했습니다. 또, 규장각 검서관에도 서얼 출신 문사들을 임명했습니다.

· 익명독자 ·

박제가는 당파가 어떻게 되나요?

· 장수찬 ·

원래, 박제가 집안은 대대로 소북이었습니다. 어렸을 때, 박제가 스승이 소북 출신문인 김복휴라는 사람이었어요. 그런데, 박제가의 장인인 이관상은 충무공의 5대손으로, 충무공 집안은 노론계열 무인 집안이었습니다. 게다가, 박제가에게 큰 영향을 준 연암 박지원도 노론계 반남박씨 가문이라서, 학자들 사이에서는 박제가를 두고 소북에서 노론으로 전향한 사람이라고 평가하는 거 같습니다. 그런데, 박제가는 서얼이고, 정치가로서 큰 포부를 펼 수 없는 신분이었기에 당색을 논하는 거 자체가 큰 의미 없습니다.

장수찬의 역사툰 ·····

203

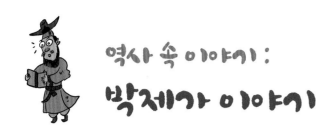
역사 속 이야기 :
박제가 이야기

편법을 의미하던 조선 시대 요리

'요리(料理)'라고 하면 요즘 골목식당으로 유명한 '백 선생'을 떠올릴지도 모르겠지만, 과거에는 '상황에 맞추어 요량껏 처리한다'라는 의미였다고 한다. 오늘날과 같이 음식과 관련하여 쓰이게 된 것은 일제 강점기 이후였다.[57]

17세기 조선은 소빙기(小氷期, 빙하기는 아니지만 비교적 추운 기후가 지속되었던 시기로, 근대와 중세 사이인 13세기 초부터 17세기 후반까지의 시기)가 도래한 시대여서 기근이 빈번하였다고 한다. 그래서 지방 수령의 가장 큰 임무 가운데 하나가 기민의 구제였다. 목민관들은 굶주린 백성을 구제하고자 자신의 녹봉을 내놓기도 하였지만, 일시적인 조치에 불과했다. 구휼에 가장 효과적인 방법은 환곡을 운용하는 것이었다.

정조 시대 실학자로 명망이 높던 초정 박제가(朴齊家, 1750~1805)는 이론에는 박식한 학자인지는 모르겠지만, 초임지 부여(扶餘)에서는 어리숙한 관리의 모습을 보여 주었다. 기민 구제를 위해 환곡을 요리조리 편법으로 운용하다가 수의 어사 이조원에게 적발되어 파직된 것이다.[58]
정조 임금의 비호로 큰 처벌을 피한 박제가는 다시 환로(宦路)를 걷게 된다. 정조가 급작스레 세상을 등진 이후, 사돈 관계인 윤가기 사건에 연루되어 목숨이 위험해졌기 때문이다. 제자였던 추사 김정희 아버지인 '골수 노론' 김노경의 변호로 구사일생하여, 유배를 떠나게 된다.

애덤 스미스의 《국부론》과 박제가의 《북학의》

절망한 박제가가 조선의 개혁이라는 원대한 포부를 실현하지 못하고 유배에서 돌아온 그해 사망하면서 경장(更張)의 꿈도 희미해진다. 북학파의 꿈은 박규수, 오경석, 유대치로 이어지고, 유대치의 문하생인 김옥균, 박영효, 서재필, 서광범 등이 갑신정변(甲申政變)을 일으키며 활기를 띤다. 하지만 이것 역시, 삼일천하로 끝나게 되면서 근대화의 실현이란 포부도 막을 내린다. 유

57 출처: 김경희, 〈요리하는 고을수령〉, 한국고전번역원 홈페이지
58 《정조실록》 37권, 정조 17년 5월 27일 무오 2번째 기사 참조

길준, 서광범, 지석영 등 마지막 북학파들이 1894년 갑오개혁을 통해 부분적인 근대화를 이끌었지만, 일본의 간섭에 의한 것이었으니 상당히 아쉬움이 남는 개혁이었다.

박제가가 활약하던 시대는 세계사적으로 볼 때 대전환의 시대다. 이 시기 영국에서는 경제학자인 애덤 스미스의 《국부론》이 1776년에 출판되었는데, 박제가의 《북학의》는 그보다 2년 뒤인 1778년에 완성되었다. 하나는 자유주의 무역을, 하나는 중상주의 무역의 중요성을 역설하지만 두 저작 모두 국부를 창출하는 데는 이견이 없는 시무책들이다.

18세기 자본주의의 맹아[59]가 동시에 싹트기 시작한 영국과 조선이지만, 영국의 《국부론》은 산업혁명의 이론적 토대가 되었고, 조선의 《북학의》는 정식으로 출판도 되지 못한 채 오활한 내용으로 치부되었다. 이런 양국의 역사적 분기점엔 사회 지도층의 인식 차이가 존재했다. 영국의 리더들은 각국을 돌아다니며 세계종법정세를 잘 알고 있었다. 그래서 교역을 통한 상무역이 영국 국민 전체의 후생을 증진시켜 줄 것이라는 확신을 가졌다. 그러나, 조선의 리더들은 세계 사정에 어두워 교역이 국부를 증진시켜 줄 것이라는 점을 이해하지 못했다. 만일, 조선의 리더들이 박제가나 박규수처럼 청나라를 직접 방문해 사상의 대전환을 체험했더라면 우리 역사는 크게 달라졌을지 모른다. 상업의 장려가 국부의 증진이며, 문명의 발전이며, 백성의 복지점을 극대화시켜 줄 수 있는 요체라는 것을 진작 알았더라면 지금쯤 우리나라는 일본과 견줄 수 있는 문화적, 경제적 발전을 이룩하지 않았을까.

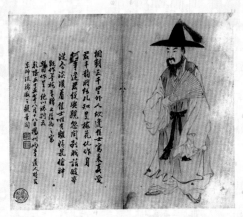

청나라 문인인 양봉 나빙(1733~1799)이 북경 유리상에서 소상을 만나 사귄 뒤에 이별의 증표로 그린 박제가의 모습. 출치는 후지즈카 치카시 소장 유리 건판이다. © 후지즈카 치카시 기증 문서.

<hr>

59 조선 후기 자본주의 맹아가 싹트고 있었느냐에 대해서는 학술적 논란이 있다. 최근, 조선 후기 상업 고문서(어음, 회계책, 수표)들이 대거 발견되면서 자생적 자본주의에 대한 재해석이 활발하다.

아래는 청나라 문인 양봉 나빙이 초정 박제가에게 준 봉별시[60]로, 필자가 국역하였다.

삼천리 밖의 이역 사람을 마주하고선,
아름다운 선비 만남 기뻐하며 그 모습을 그려보네
사랑하는 그대의 자태를 어디에 비교할까나,
매화의 화신이 그대임을 알겠네.
무슨 일인고? 그대 만나 이제서야 친해졌더니,
별안간 이별한단 말 듣고서 그 이야기가 시고 맵구나,
이제부터 아름다운 선비 보아도 담담히 대하리라,
헤어지는 감정, 그저 내 마음만 아프게 할 뿐이니

이미 묵매도를 만들어 증표로 드렸는데 또다시 초상화를 그리고, 두 구절의 시를 지어 이별을 기록한다. 건륭 55년(1790년) 8월 18일 양주사람 양봉도인(兩峯道人, 나빙)이 북경(京師, 서울) 유리창 관음각에서 나그네가 되어 머무르는 때.

※ 참고문헌

안대회 외, 《초정 박제가 연구》, 사람의무늬, 2013
정민, 《18세기 한중 지식인의 문예 공화국》, 문학동네, 2014
김경희, 〈요리하는 고을수령〉, 한국고전번역원 홈페이지
(http://www.itkc.or.kr/bbs/boardView.do?id=75&bldx=31851&page=1&menuld=125&bc=6)
《조선왕조실록》, 국사편찬위, 조선왕조실록 홈페이지(http://sillok.history.go.kr/)

60 원문: 相對三千里外人,欣逢佳士寫來真.愛君丰韵將何比.知是梅花化作身.何事逢君便與親.忽聞別我話酸辛.從今淡漠看佳士.唯有離情最愴神.既作墨梅奉贈又復爲之寫照因作是二絶以誌別云.乾隆五十五年八月十八日.揚州兩峰道人時客京師琉璃廠之觀音閣.

#2 중인소년과 청지기이야기 · · · · · · · · · · · ·

조선 왕조 순조 임금 시절 이야기이다.

과인은 용렬하니 장인께서 국정을 이끌어 주셔요!

영안 부원군 김조순

걱정 붙들어 놓십쇼.

순조 임금(1790~1834)

김조순의 아들인 황산 김유근은 청나라 문물을 좋아해, 역관중인과 교분을 즐겼다.

끼얏호~ 이건 강희제 시절 도자기구나. 이 귀한 것을!

대감께 드리는 뇌물이오. 잘 봐주세용!

어느날 열일곱 살의 젊은 중인 출신 소년이 황산 김유근의 한양 집인 백련사를 찾아간다.

어이! 거기 늙은이! 황산대감은 기침하셨는가?

늙은이?

* 백련사: 現 삼청동 근처로 김유근의 경저였다.

대감댁 청지기였던 노인은
소년이 중인 출신인 걸 알고선
내심 불쾌히 여겼다.

그대는
누구보고
하대를 하소?

육십 먹은
노인네라규!!

소년은 노인이 황산대감댁
일가 친척인줄 알고 존대를
하는데...

대감님의 일가붙이
되시는 분을
몰라 뵈었습니다.

공손

그게
아니고...

나는
이 집안에서
집사 노릇을
하는 사람이오!

나름
행세 꽤나 한다구!

갑자기 소년은 안색을 바꾸고선
다시 말을 놓기 시작한다.

나는 지체있는
중인 가문의
자제이고,
김대감댁에선
문객 반열에 서는
사람이오!

배우기도 많이 배웠고!

자네는
대감댁 머슴이고,
나는 이 집안 손님이니
내가 하인에게
말을 놓는 것이
뭐가 이상한가?

헐...

당당한 소년의 태도에
당황한 황산대감댁 집사는
한편으로 그의 말과 행동에
탄복하는 바가 있어서...

우왓!
저런 기백이라면
반드시,
당상관에
오를 것이야!

*당상관: 정삼품 통정대부 이상의
품계로 고위공무원을 의미함.

서울 장통교와 수표교 주변에 살았던 중인들은
주로 역관이나 의관의 후예였는데, 막강한 부를
가지고서는 북촌 사대부들과 교류하였다 한다.

- 중인 소년 편 끝

#안동김씨_만화 #다산추 #꿀잼_만화 #조선_시대는_
신.분.사.회

지금처럼 나이 한살에 목숨거는 건 일본에서 온 문화로 알고 있어요. 일제시대에 남은 거라고 하던데요. 원래 일본이 선배 따지고 하던 게 우리의 윗사람을 공경하는 문화랑 겹쳐지면서.
·△sewrt·

예! 맞습니다. 옳은 지적이세요. 일제 강점기 들어 일본식 의무교육이 시작되면서 년 단위로 선, 후배를 끊는 서열문화가 생겼다고 하네요. 원래 우리나라는 7살까지는 친구로 보고, 그 이상은 아버지 또래로 보았다고 합니다. 옛날 조지훈 시인과 김종길 시인은 나이가 6살이나 차이 났지만, 허교하시고 친구의 의를 맺었다고 합니다!

·장수찬·

중인들도 양반 사대부들과 교류가 있었나요?
·익명독자·

네... 많았습니다! 기술 전문직에 종사하던 중인들의 상관들은 대부분 양반 사대부들이었고, 이들과 친분이 두터워야 출세가 쉽고, 경제적인 이득도 볼 수 있었다고 합니다.

·장수찬·

서얼들은 서얼 허통을 주장하여, 관철시켰는데 중인들은 왜 그러하지를 못했나요?
·익명독자·

중인들도 꾸준히 통청 운동을 주도하였지만, 번번이 실패했습니다. 서얼들은 양반 사대부의 자식들이었지만 중인은 그러하지 못해서, 별다른 주목도 받지 못한 거 같아요! 게다가, 사대부들의 방해 공작도 있었던 듯하고요. 그렇지만, 1882년에 비로소 중인들에게도 청요직 진출을 허용하는 조치가 이루어져, 지석영 선생과 같은 중인 출신 인재들이 문과 시험을 통해, 3사 언관직에 등용될 수 있었습니다.

·장수찬·

역사 속 이야기 : 중인 소년과 청지기 이야기

청나라 문물을 좋아했던 황산 김유근

황산 김유근(金逌根, 1785~1840)은 영안 부원군 김조순의 큰아들로 시서화(詩書畵)에 일가견이 있었다. 그는 청나라의 고급문화에 관심이 많아 연경을 출입하던 역관 중인들과 교분을 즐겼는데, 이와 관련해 안동김씨 가문에 전래하는 일화가 하나 있다. 내용은 이렇다.

황산 김유근에게는 청나라에서 수입한 호피(虎皮) 하나가 있었다. 장동김씨 친척인 춘산 김홍근(金弘根, 1788~1842)은 성품이 곧고 청빈해 김유근과 달리 소박한 것을 좋아하였다. 그래서 청나라 기물과 같은 고급명품을 싫어했다고 한다. 하루는 춘산이 황산의 경저(京邸, 서울집)인 백련사(白蓮社)를 방문하였는데, 이를 안 김유근은 황급히 집안 노비(家奴)에게 명하여 안방에 깔아놓은 호피를 치우라고 했다. 김유근은 김홍근의 대쪽같은 성격을 알고 있는지라 혹시라도, 김홍근에게 청나라 사치품이 발각되면 좋지 않은 소리를 들을 것이 뻔했기 때문이었다. 같은 집안의 사람이라도 개인의 성품이 이리도 달랐음을 알 수 있다.

괴석도 ⓒ 국립중앙박물관 소장

<Note>

《괴석도》 — 황산 김유근의 그림이 실려 있으며, 이리저리 찍혀 있는 그의 도장들이 보인다. 오른쪽 인장들부터 살펴보면 '상하천고(上下千古)', '김유근인(金逌根印)', '황산거사(黃山居士)'라고 적혀 있다. 황산 김유근은 추사 김정희의 친구로 청나라 문화에 흠뻑 빠진 인물이다. 그의 그림은 조선 후기에 유행한 진경산수와는 달리, 고급문화의 귀족적 흥취가 돋보인다.

푸르고, 푸른 강담(江潭)의 나무들,

주야로 그리움만 더하네...

이것은 곧, 황산(김유근 본인)이 의미를 이해하고서 연산도(研山圖)로 그려 낸 것이다. 천지간에 과연, 이와 같은 기이한 물건들이 있을지 (나는) 모르겠다. - 황산(黃山)

세도가였던 김유근의 저택인 백련사엔 문객들이 인사 청탁을 하기 위해 이리저리 드나들었다. 중인들 역시 예외가 아니라서 여항(閭巷, 평민들이 주거하던 곳)에서 시문을 잘하거나, 그림을 꽤 그린다는 인사들이 김유근을 찾아와 얼굴을 익히기를 주저하지 않았다. 중인 가문의 자제 역시 이러한 인사들 가운데 하나였을 것이다.

나이가 사람 사귐의 기준이 아니었던 조선

중인 소년과 안동김씨 청지기 간의 일화에서 보듯이, 이전에는 오늘날처럼 나이(年齡)가 사람 사귐의 기준이 아니었다. 청록파 시인 조지훈과 《성탄제》로 잘 알려진 시인 김종길은 막역한 친구 사이였는데, 조지훈이 김종길보다 6살 연상이었다. 그런데도, 말을 놓고선 평교(平交)하는 교우의 의를 맺었던 것이다.

다산 정약용도 사람의 서열을 가르는 데 나이를 중하게 여기지 않았다. 다산은 인품을 가장 중요하게 생각했고 다음이 나이, 벼슬 순이었다. 이것은 《맹자》에 나오는 삼달존(三達尊)[61]을 인용한 것으로 보인다. 집안의 문벌, 나이, 벼슬(작위) 그리고 학식 등을 비교 형량하여 서열 관계를 확정지었던 시대가 불과 몇 세대 전이었으니, 나이만을 보는 지금의 사람 사귐과는 상당한 차이가 있었던 것이다.

✳ 참고문헌
김유근, 《괴석도》, 국립중앙박물관 소장

61 《맹자》〈공손추(公孫丑)〉편에 내용이다. 사람들이 보편적으로 존숭하는 세 가지가 있는데, 조정(朝廷)에서는 작위(爵位)를 숭상(崇尙)하고, 향리(鄕里)에서는 나이가 많은 윗사람을 존경(尊敬)하며, 세상(世上)에 처해서는 덕(德)을 존중(尊重)해야 한다는 뜻이다.

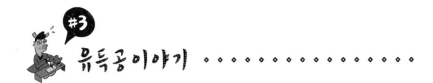
#3 유득공이야기 ・・・・・・・・・・・・・・・

규장각 검서 유득공은 조선의 황금시대가
낳은 인재였다.

ㅇ 호(號): 영재(泠齋)
ㅇ 자(字): 혜풍
ㅇ 규장각 검서 역임
ㅇ 발해고 경도잡지
   이십일도 회고시 등을
   저술

> 18세기!
> 정조 임금님이
> 다스리던
> 태평한 시절이죵.

유득공의 저작인 〈발해고〉는 오늘날 중국의
동북공정 논리를 반박할 수 있는 중요한
사료가 되고 있는데...

> 발해는
> 짱깨꺼다해!!

> 응!아니야.
> 돌아가...

당시에, 아무도 관심 갖지 않은
발해를 우리 역사에 편입시킨 것이다.

> 이거 사대부들
> 직무유기 아니냐?
> 공자왈 맹자왈하면서
> 정작 자국 역사에
> 관심이 없으니...

> 영재 선생님.
> 정말 예지자!!
> 어떻게 이 백년 후
> 중국 놈들이 역사를
> 주작할 걸 아셨나요?

또, 〈한객 건연집〉을 통해 중국까지
이름이 알려진 국제적 인물이기도 했다.

또
요상한 잡지
보고 있나?
같이 보자궁!!

내가 자네
같은줄 아능가?
조선 사람
유득공 시집
보고 있다규!

유득공의 숙부인 유금은 조선의 글을
중국에 가져가 자랑하려는 생각을 가지고
있어서...

어찌 세상에 중국의 글만 있고,
어찌 세상에 중국의 말만 있으며,
어찌 세상에 중국의 풍속만
있겠는가?

유금(1741-1788) : 조선의
천문학자이자 수학자.

조선만의 고유함 역시, 세상 안에 있도다!

재기발랄하고, 천재적인 네 명의 선비들
시집을 가지고 연행에 오른다.

혜풍!
자네 집가서
한잔 오게?

이덕무 (무관)

유득공 (혜풍)

박제가 (차수)

어휴!!
누가 저놈들을
천재 사인방이라
부르는고?

차수~
맨날 나한테만
술 얻어먹나?

청나라 최고의 학자인 이조원을 만나
조선 시인의 시집을 보여주니 그에게
큰 호평을 받았는데...

동국의
문학 수준이
하나의 별체를 이뤘군
참신한 문장이
정말 특별하고 재밌어!
누가 조선을
지루한 성리학의
나라라 했는가?

이조원(1734-1803) :
청나라의 관료이자 학자.

특히, 유득공의 시를 보고 이조원은
동국문봉(東國文鳳)이라며 극찬했고,

이사람은 타고난 자질이
뛰어나고 수많은 연마를 통해
기발한 발상을 만들어 냈으니,
보는 사람의 눈을 핑돌게 한다!
—이조원의 유득공에 대한 평(評)

쯘빵 (최고) !

유득공은 이러한 이조원의 평에 크게
기뻐하며 '차진문봉'이란 인장을
새겨 간직했다고 한다.

세계적인 학자도
조선 사람의 시를 인정해구!!
꾸르꾸룰루!
지화자 좋쿠나.

차진문봉 :
이 사람이 진짜
글쟁이란 뜻!

유득공의 명성은 <이십일도회고시>를
통해 다시한번 중국을 흔든다.

이번엔
조선의 역사를
천하에
알리겠노라!!

꼬로록~~

아부지
배고파!!

여전히 의기소침하지 않았다하니
학문에 대한 열정이 그 누구보다
뜨거웠으리라...

쿠쿠..
우리나라 역사
정말 재밌어!!
단군 할배 짱짱맨!

아부지
돈 안버냐?
아들 뱃가죽이
등에 붙을려구해.

당시 유득공은 한양 남촌 진고개 너머
옛 교서관 근처에 살고 있었다.

그런 이유로
소생(유득공)의
별호를
고운(古芸:옛 교서관)
이라고 했소~

가난한 선비라
남촌에 살았쥥!

* 교서관의 별칭을 운각(芸閣)이라고
한다. 교서관은 책을 출판하던 관청.

유득공은 한백겸의 <동국지리지>를
읽으면서 문득 생각나는 바를
읊조렸는데, 집안의 계집종도 따라
부를 정도였다.

진한 육부의 추연이 피어나고,
서라벌 신라의 번화함을 상상하니
가히 어여쁘구나!!

정말 외우기
좋은
노래
로다.

삼한땅 진한 (경상도) 에
육부 (신라육촌) 가 자리잡고,
가을연기 피어나는
서울 신라의
번화함을 상상하니
가히 사랑스럽네!!

유득공은 출사(出仕)전이어서 쌀이
떨어지는 등 곤궁한 처지였지만...

공자님 제자인 '안연'도
극심한 가난에
시달렸지만, 굴하지 않고
학문에 열중했다오...

우물

물맛 좋구나!!
역시 가난한 선비의
밥은 물이지!

아부지
밥줘영!!

유득공은 을지문덕, 양만춘, 연개소문 등
영웅들의 행적을 찾아내고 시로써 표현해
많은 사람들의 공감을 얻어냈다.

을지문덕

요하로 돌아가는 수나라 군의
깃발은 얼마없으니,
실수의 세찬 물결이 적군을
쓸어 버렸네!
을지문덕은 정말로
재능 있는 장군!
우리나라에서 처음으로
오언시를 지었다네.
―유득공 作

高句麗
(고구려)

김생의 글씨와 솔거의 그림을 통해
우리문화의 긍지를 노래하기도 하고,

월성의 남쪽과 북쪽엔 울창한 봉우리.
해지는 저녁엔 청림사로부터 들려오는 종소리.
옛날옛적, 경주의 글과 그림을 상상해 본다.
김생의 비석 글씨와 솔거의 소나무 그림이로구나!
─유득공 作

망국의 무상함을 슬퍼하며
아쉬워하기도 했다.

부소산에 해지는 봉화 오르고,
찬 날씨에 백마강 물결만 높구나.
어찌 성충의 계책은 쓰지 않고,
도리어 강(江) 속의
호국룡만 믿었을꼬?
─유득공 作

1778년 절친인 이덕무와 박제가가
연행길에 오르면서 유득공의 〈회고시〉를
중국 문인들에게 소개했는데...

이때 반향조는 〈회고시〉를 일컬어,
반드시 후세에 전해질 명작이라고까지
했다.

이십일도 회고시가 이 책속에
실려, 중국에 출판되었음.

나빙이란 학자는 〈회고시〉를 얻으려고
유득공에게 간청했지만, 뜻을 이루지
못하자 크게 실망한다.

뿐만아니라 청나라 최고의 학자인 완원은
유득공을 만나 머리를 조아리기까지
했다고 하니...

사가시인의 활동영역은 조선을 넘어,
중국에까지 확장되어 있었던 것이다.

최치원 이후,
중국에서까지
이름을 날린
대단하신 분들!!

유득공   박제가   이덕무

존경하옵니이다.

이러한 유득공의 능력을 높이 산
정조 임금은 그를 규장각 검서로
임명하는데...

등등

이덕무   박제가   유득공   서리수

* 규장각 검서: 9품 잡직이지만, 임금을 곁에서 보좌하는
영예로운 자리로 인식되었다고 한다.

경제적으로 그에게 안정이 찾아오고,
왕실 도서를 마음껏 열람할 수 있는
기회가 제공되자, 학문이 일취월장
하였다고 한다.

이때 발해고, 사군지 등
우리나라 역사를
정리할 수 있었쥬!!

유득공이 저술에 참고한
역사서들.

그러나, 이렇게 서얼 문인들이 꽃피운
개혁의 풍조도 정조 임금의 승하와 함께
사그라들고...

빠빠이

전하
아니 되옵니다

창덕궁

1805년 4월에 박제가, 10월엔
스승인 연암 박지원이 잇따라 세상을
떠나자 유득공 역시 망연자실한다.

나라의
인재들이
이렇게
사라지나?

빼애애앵~~

친구들의 잇따른 별세에 유득공은 크게
충격을 받아, 2년 후 그도 세상을 떠난다.

백년에 한번
나올까 말까한
역덕후 유득공 선생!!

이렇게 허무하게 가시나요?

하지만, 유득공이 남긴 〈발해고〉는
우리 국사교과서에 힘차게 남아있다.
그의 역작 〈발해고〉는 광대한 만주벌판
한민족 역사를 영원히 고증할 것이다.

저넓은 만주는
분명 우리나라 영토였어!!

빼박 켄토!!
100% 조선땅.

1778년 심양 여행에서 만주를 답사한 유득공.
이때 경험으로 발해고를 저술한다.

유득공 편 끝~

#문과충_유득공 #정조_대왕님_시절_갓조선 #박제가_유득공_이덕무_서출_삼대장_좋.아.요!

• &Sewrt •

박제가, 유득공, 이덕무 트리오 만날 외웠었는데 ㅎㅎ 아무튼 늘 좋은 글 잘 보고 있습니다~

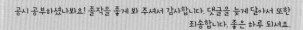

• 장수찬 •

공시 공부하셨나봐요! 졸작을 좋게 봐 주셔서 감사합니다. 댓글을 늦게 달아서 또한 죄송합니다. 좋은 하루 되셔요.

• 익명독자 •

유득공은 정말로 경주, 부여, 평양 같은 옛 도읍지를 직접 답사하고 이십일도회고시란 책을 썼나요?

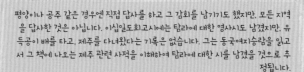

• 장수찬 •

평양이나 공주 같은 경우엔 직접 답사를 하고 그 감회를 남기기도 했지만, 모든 지역을 답사한 것은 아닙니다. 이십일도회고시에는 탐라에 대한 영사시도 남겼지만, 유득공이 배를 타고, 제주를 다녀왔다는 기록은 없습니다. 그는 동국여지승람을 읽고서 그 책에 나오는 제주 관련 사적을 이해하여 탐라에 대한 시를 남겼을 것으로 추정됩니다.

• 익명독자 •

유득공도 서자 출신인가요?

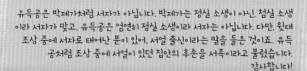

• 장수찬 •

유득공은 박제가처럼 서자가 아닙니다. 박제가는 정실 소생이 아닌, 첩실 소생이라 서자가 맞고, 유득공은 엄연히 정실 소생이라 서자는 아닙니다. 다만, 윗대 조상 중에 서자로 태어난 분이 있어, 서얼 출신이라는 말을 들은 것이죠. 유득공처럼 조상 중에 서얼이 있던 집안의 후손을 서족이라고 불렀습니다. 감사합니다!

역사 속 이야기 :
유득공 이야기

소중화 의식, 민족성을 일깨우다

16세기만 해도 선조(先祖)들은 만주지역을 우리 땅으로 인식하였다고 한다. 그러다, 청나라가 중원을 차지한 17세기부터 만주에 대한 영토 의식은 점차 희미해졌다. 여진족의 발상지인 만주 영토가 성역화(聖域化)가 되자, 조선은 외교적 분쟁을 피하려고 암묵적으로 실효 지배를 포기한 것이다.

18세기 자국 중심주의인 '소중화(小中華) 의식'이 나타나면서부터 상황은 반전한다. 우리 영토, 우리 역사, 우리 민족의 자부심이 커지면서 사료 중심의 실증연구가 빈번해졌고 영토의식을 확장시킨 결과, 《발해고(渤海考)》와 같은 만주지역을 고찰한 역사서가 출현하기 시작한다.

유득공(柳得恭, 1749~?)은 정조 임금 시대 실학자로 유명하다. 특히 박제가, 이덕무와 더불어 정조 임금을 시종한 서얼 출신의 내각(內閣, 규장각의 별칭) 검서관으로 이름을 날렸는데, 그들의 저작은 18세기 조선 후기 문학사의 방점을 찍을 정도로 가치가 크다.

그의 숙부 유금(柳琴, 1741~1788)은 연행사절단 부사인 이조판서 서호수의 군관 자격으로 북경에 간 적이 있다. 이때, 청나라 문사 이조원에게 유득공, 이덕무, 박제가, 이서구의 문집을 소개했는데 이조원은 이들의 공동시집에 《한객건연집(韓客巾衍集)》이란 이름을 붙였다.

'한객(韓客)'은 삼한(三韓) 사람이라는 뜻으로 저자들이 조선인임을 의미하며, '건연(巾衍)'은 수건 같은 것을 넣는 조그만 상자를 말한다. 종합하면, '한객건연집'은 '조선인의 시를 담은 조그만 시집'이라는 뜻이 된다.[62]

220   62   출처: 김영진, 《한객건연집 해제》, 국립중앙도서관

한을 품은 서얼의 글, 초림체

당시, 조선 사대부들 사이에 당나라 시풍이 유행했지만, 서얼 문사들은 이들과 다른 문체로 사람들의 눈을 깜짝 놀라게 했다. 누구는 기괴하다고 말했고, 누구는 참신하다고 했다. 양반 사대부들은 그들의 시를 얕잡아 초림체(椒林體)[63]라 비난했지만, 사상, 물질, 이념 등이 급변하던 18세기 대전환 시대에 '첨신(尖新)'한 문체의 등장은 예고된 일이었다. 초림체라며 비난받던 유득공의 시를 한번 읽어 보자.[64]

> 낙서(洛瑞, 이서구의 字)의 집에서 두곡 산중으로 돌아가는 조(趙) 처사를 이별하며
>
> 손님 떠난다고 응앙거리는 방아지 울음은
>
> 애처롭게도 처마 밑을 맴도네
>
> 옛 정원의 서대초(書帶草)가 그리워라!
>
> 쓸쓸한 객관(客館)엔 담쟁이 풀만 무성할 뿐
>
> 호연한 기상은 응당 작아지기 어렵겠고,
>
> 두려운 마음 이겨내니, 그 넉넉함을 알겠소
>
> 내일, 여강(驪江) 떠나시는 그대 길에는
>
> 버드나무 꽃은 또 얼마나 휘날리려나?
>
> 유성(儒城)[65] 사람 유득공이 드립니다.

시에는 번민, 고민, 두려움, 기대감, 이별의 요소들이 산재하며, 신분의 한계에 따른 서글픔이 남아 있는 것 같다. 그래서 조선 사대부들은 한을 품은 서얼들의 시라고 핀잔을 준 것은 아니었을까.

---

63 출처: 안대회, 고추의 맛이 얼얼한데 '얼얼'이란 발음이 서얼의 '얼'과 같아서 서얼을 초림이라 한다.
64 원문: 客出驤駒響. 悽悽廡下依. 故園憶書帶孤館長垣衣. 直養應難餒. 直養應難餒. 戰勝方覺肥. 驪江明日路. 幾樹柳花飛. (유득공, 〈洛瑞館中奉別趙處士歸杜谷山中〉). 성균관대학교 박물관 소장
65 오늘날의 황해도 유주로 유득공의 본관인 문화현의 옛 이름.

《사서루(賜書樓)》[66]© 개인 소장

Note

《사서루(賜書樓)》 – 육사 김정희 작품이다. 발해고를 저술했던 영재 유득공의 서재 이름이 사서루였다.

정조 대왕의 사랑을 듬뿍 받은 유득공은 규장각 검서 시절, 임금에게 내사(內賜)받은 서적들을 비치하려고 서재를 만들었다. '사서루(賜書樓, 하사받은 서책을 모아두어 임금의 은혜를 기리는 누각)'라는 이름을 붙이고, 그 아들이 추사 김정희의 글씨를 받아 현판으로 걸었다.[67] 아직도 이 추사 글씨가 남아 있다.

유득공의 아들 유본학은 부친 뒤를 이어 규장각 검서관으로 봉직했는데 유득공의 실학 유산은 아들에게도 이어졌다. 진흥왕의 '북한산순수비(北漢山巡狩碑)'를 최초로 고증한 것으로 알려졌으니, 부자가 대를 이어 우리 역사를 연구한 것이다.

66 김정희 작으로 영재 유득공의 서재 이름이 사서루였다.
67 출처: 박철상, 《서재에 살다》, 문학동네, 2014

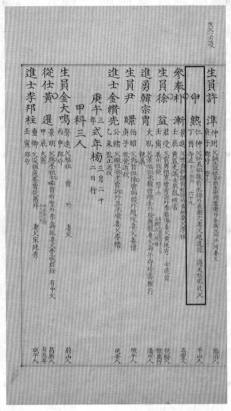

유득공의 《이십일도회고시》 필사본 ⓒ 필자 소장

 Note

이 시는 유득공이 단군 조선에서부터 고려 말까지 우리나라 역대왕조의 도읍지를 회고(懷古, 옛 자취를 돌이켜 봄)하면서 지은 작품이다.

유득공, 스물 한 곳의 우리 도읍지를 노래하다

유득공은 우리나라 역대왕조의 수도를 문헌에서 찾아 고증했는데, 필요할 땐 직접 답사하는 노력을 마다하지 않았다. 이 성과를 모은 것이 《이십일도회고시(二十一都懷古詩)》라는 시집이다.

이십일도회고시는 유득공이 짓고, 단짝 친구 이덕무가 교정했다.

첫 번째 시(詩)인 단군 조선을 읽어 보자.

"동국통감에 이르길, 이 나라엔 애초에 군장은 없었다. 신인(神人)이 있어 박달나무 아래로 내려오니, (그를) 임금으로 세워 단군이라 하고, 나라 이름은 조선이라 하였다. 이때가 당요(唐堯) 시절 무진년[68]을 의미하는데, 학설의 다툼이 있다. 《삼국유사》에는 단군이 평양에 도읍하였다고 한다."

대동강물 안개 잦아들어 들판이 흐릿하니

왕검성의 봄은 한 폭의 그림 같기만 하여라.

옛날 옛적 우임금 시절, 만리 도산으로 조회하러 온 듯

아름다운 아이가 아직도 해부루[69]

를 기억하고 있다네.[70]

유득공은 동국통감과 동국여지승람 등 역대 문헌을 살피고, 단군 조선의 도읍지 평양을 노래하였다. 어느 봄날, 대동강에 강물이 아침 안개 피어나 들판을 덮은 장면을 상상하면서 유득공은 왕검성을 한 폭의 산수화로 그려 냈다. 이때, 유득공은 단군이 조선을 통치하던 때가 하(夏)나라 시절임을 알고 해부루의 일화를 살며시 꺼낸다. 조선의 태자였던 해부루는 우임금이 도산에서 개최한 제후 회의에 참석했는데, 아직도 평양성 어린아이가 수천 년 전 그 시절 이야기를 읊조린다며 단군 조선의 성세를 찬미하고 있다.

유득공은 단군 조선을 시작으로 우리나라 역사를 하나하나 끄집어내어 아무도 관심을 가지지 않던 스물 한곳 옛 도읍지의 흥망성쇠를 여러 편의 시로 기록하였다. 유득공 스스로, 우리나라가 중국과 대등한 문명국으로 생각하지 않았다면 절대로 할 수 없었던 작업이다.

《발해고》역시, 만주벌판의 역사가 중국의 것이 아니라, 우리의 역사로 고증하기 위한 시도였다. 만일, 유득공의 《발해고》가 없었다면 남북국(발해, 통일신라) 역사는 사라지고, 오직 신라만 있는 빈한한 역사가 되었을 것이다. 또, 중국이 발해를 그들의 일개 지방 정권으로 각색하려는 동북공정에도 아무런 대응을 하지 못하고 통째로 발해사를 넘겨 주었을 것이다.

---

68 일반적으로 요임금 재위 25년(기원전 2333년)

69 해부루를 단군의 태자라고 한 문헌 중에는 해부루가 태자 시절, 단군의 명령에 따라 중국 우임금이 도산에 소집한 제후 회의에 참석하였다는 기록이 있다.

70 원문: 大同江水浸烟蕪. 王儉春城似畵圖. 萬里塗山來執玉. 佳兒尙憶解扶婁.

이 점에서 유득공의 《발해고》는 우리 민족의 보물이라고 말해도 손색이 없다.

✳ 참고문헌
중앙도서관 고서 단행자료 해지
박철상, 《서재에 살다》, 문학동네, 2014

장수찬의 역사툰

1판 1쇄 발행 2019년 1월 18일

저   자 | 장수찬
발 행 인 | 김길수
발 행 처 | (주)영진닷컴
주   소 | (우)08505 서울시 금천구 가산디지털2로 123 월드메르디앙벤처센터
          2차 10층 1016호

출판등록 | 2007. 4. 27. 제16-4189호

YoungJin.com **Y.**
영진닷컴